オタクが日本を「右傾化」させた

右派＋オタク文化史論

山野車輪

鈴屋出版

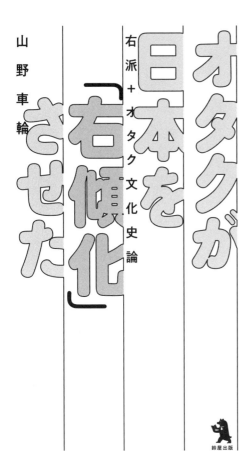

目次

まえがき

右翼とオタク

近年、神社や仏閣などといった伝統文化、グルメやＪポップ、ファッションなどのポップカルチャー、マンガ・アニメなどのオタクカルチャーが、海外で非常に高い評価を受けています。日本人である筆者としては非常に喜ばしいことです。日本社会では、日本が好きな人のことを「右翼」、マンガやアニメを好きな人のことを「オタク」とみなされていますが、ここ二十年で「右傾化」と「オタク化」が急速に進行しました。

この二つの属性は、ほんの十年くらい前までは両者とも社会から蔑《さげす》まれる対象でした。右翼は街宣右翼や任侠《にんきょう》右翼の攻撃的なイメージが強かったことで忌諱《きき》されていましたし、「オタク」という名称はもともと蔑称として名づけられたものです。そして現在でも過去のヘイト感情を持ち続けている人が依然として残っていると言っていいでしょう。

まずは簡単に右翼とオタク、二つの属性についての説明をしたいと思います。

右翼とネトウヨ、右派の違い

まず右翼についてですが、本書では「右派」と呼びたいと思います。右派には対立する「左派」の立場がありますが、その左右の語源は、フランス革命のときの国民議会の陣営についての用語とされ、議長から見た方向で革新派の議席が議事堂の左側に多く、一方、王党派・貴族派といった伝統勢力の議席が、議事堂の右側に多かったことに起因します。要するに、左派は革新的なものを重視し、右派は自国の伝統や文化を重視する立場というわけです。

旧世紀、先の大戦で日本が敗戦して以降の日本社会では、自国の伝統や文化が軽視または否定され、新しいものが重視または肯定されていました。

しかし冷戦が終結してグローバル時代が到来すると、日本を悪と規定する「自虐史観」と称される歴史観が見直され、またインターネットでも政治や社会、歴史などの問題が侃々諤々《かんかんがくがく》と語られるようになります。こうして、時事問題に詳しい人やネット民などの情報強者の間で、日本の歴史を再評価する機運が高まってきました。

ところが、こういった人たちが、いつしか「ネトウヨ（ネット右翼）」と呼ばれ始めます。皆さんもこの言葉を聞いたことがあるかと思いますが、この「ネトウヨ」という言葉の使用にあたっては侮蔑《ぶべつ》的な意味が込められることがほとんどです。使う人たちの悪意によって、「ヘイトラベリング用語」としてインターネット上に定着していったのです。

しかし近年、海外から日本に対する好意的な評価が聞こえてくるようになり、冷戦終結後に見直された歴史観が少しずつ理解されていったことによって、多くの一般市民は自国に対する自虐的な捉え方を改めます。

さらには、二〇一二年から韓国の反日感情の暴走が後押ししたことによって、黎明期インターネットの情報強者による日本の歴史の肯定的な捉え方、および韓国批判の論調が正しかったことが、リアル社会にも理解されるようになりました。現在、右派の主張は一般常識となっています。

「おたく」から「オタク」へ

次にオタクについて述べておきたいと思います。オタクの語源は、私的な場面で用いられる二人称の敬称「お宅」で、一九八〇年代初頭、オタクとされる好事家が、同人誌即売会や今で言うところのオフ会などで「お宅はどこから来たの?」というように使っていました。

しかし彼らは、一部の心無い人たちからコミュニケーション能力が欠落しているとされ、気持ち悪く思われることが少なくありませんでした。そういった人たちが、いつしか「オタク」と称されるようになっていったのです。

最初に、そういった人たちのことを「オタク」と定義したのが、『漫画ブリッコ』(白夜書房、一九八三年六月号）に掲載された中森明夫氏のエッセイです。最初は平仮名で「おたく」と表記されていました。

前述の意味を内包する「おたく」という名称は、オタクの内側で自虐的に用いられていましたが、これが、とある事件を契機にヘイトラベリング用語として用いられるようになります。

その事件とは、一九八八年から一九八九年にかけて起こった「東京・埼玉連続幼女誘拐殺人事件」です。マスコミは同事件における激しい報道合戦のなかで、犯人のビデオ趣味と異常性を結びつけ、幼児性愛や屍体愛好までをもオタクに紐づける報道を行い、歪んだオタク像をつくり出したのです。

これによってオタクは、変質者や犯罪者予備軍とみなされ、差別されたり迫害されたりする事態へと発展していったのです。

ところが九〇年代後半頃からでしょうか、海外で日本のマンガやアニメを高く評価する声が聞こえてくるようになりました。海の向こうでもマンガやアニメのファンのことを「ＯＴＡＫＵ」と称していたのです。ところが日本とは違い、「ＯＴＡＫＵ」とは格好良い人たちという扱いをされていました。

また若い世代を中心として多くの人がアニメを観るようになり、さらに友人同士の会話やインターネットなどで、過去のマンガ、そしてそのセリフが頻繁に使用されるようになっていきました。

このような時代の変化によって、「オタク」という言葉に内在していた蔑称としての意味合いが薄れていき、今ではオタクカルチャーを嗜《たしな》んでさえいれば負い目なく自称できるようになっています。

ネット利用者は「右翼」か？

インターネット上では、主に左派や反日の人たちによって「ネトウヨ」というヘイトラベリング用語が用いられ、拡散されています。しかし筆者はいつも疑問に思います。「ネトウヨ」と一般ネット民の境界線はどのあたりなのか。また右派と一般大衆の境界線はどのあたりなのか。

「ネトウヨ」　↑　境界線　↓　一般ネット民
右派　↑　どこ？　↓　一般大衆

「ネトウヨ」とは、大雑把に言えば、インターネットやSNSに書き込む右翼のこととされています。ところが現在、多くの日本人がインターネットに触れており、また「右傾化」が進行しています。「右傾化」にカギ括弧をつけているのは、近年起こっている右傾化とは左右の軸が中心より右へ向かっているのではなく、左に偏った状態から中心に戻る中道化に過ぎないことから、その区別のためにカギ括弧を用いている次第です。

ほとんどの日本人が日本を愛しており、また「慰安婦問題」や「徴用工問題」などで歴史を捏造して日本を攻撃する韓国を嫌っています。筆者はスーパー銭湯のサウナに籠《こも》る趣味を持っているのですが、サウナに設置されているテレビで日韓問題について報じられた際、韓国批判を行う人たちに数回ほど遭遇しました。果たして彼らは右翼なのでしょうか。デタラメな歴史を続々と生み出して日本を攻撃してくる韓国を嫌うことは、絶対に許されないのでしょうか。

現在は多くの人がインターネットに触れています。彼らが歴史を捏造して日本を攻撃してくる韓国のやり口に対して「ケシカラン」と感じてネットに書き込んだら、「ネトウヨ」になってしまうのでしょうか。

さて、もう一度問います。「ネトウヨ」と一般ネット民の境界線はどのあたりなのでしょうか。ほんの一行でも韓国批判をネットに書き込めば即「ネトウヨ」になるのでしょうか。そうであるならば、相当数の人が「ネトウヨ」になってしまうでしょう。

筆者はインターネットで海外の反応を紹介するサイトを見ることを楽しんでいますが、韓国批判を書き込む外国人の多さに驚きます。では、その外国人たちも「ネトウヨ」とされてしまうのでしょうか。

「ネトウヨ」というヘイトラベリング用語を用いる人は、どこからが「ネトウヨ」なのかという度合いについて一切触れず、とりあえず何でも「ネトウヨ」というレッテル貼りを行っていると言わざるを得ません。左派や反日の人たちによって、非常に粗雑な言論が展開され続けているの

「ネトウヨ」と右派ネット民の違い	
「ネトウヨ」	右派ネット民
右翼活動目的でインターネットを使用している人	ネットを楽しむにあたって一般大衆と同じく右派ネタが混じっている人

です。

ここで筆者は、「ネトウヨ」の他に「右派ネット民」という属性をつくって、二つに分類して捉えています。

では、「ネトウヨ」と「右派ネット民」の違いとは何か。

前者の「ネトウヨ」は、右翼活動（政治活動）目的でインターネットを使用している人のこと。筆者は正直、そういった濃い人は少数と思っています。

そして後者の「右派ネット民」は、一般世論と同様の右派的な感情を持ってはいますが、あくまでもインターネットで楽しむことを主とする人のこと。言い換えると、ネットに書き込むネタの一つに右派ネタも混ざっている程度のネット民のこと。

右翼の一人なのか、それともネット民の一人なのか。これは大きな論点のはずです。なぜかというと、左派にとって攻撃を仕掛ける対象は、右派傾向のある一般ネット民（＝一般大衆）ではなく、右翼活動目的の「ネトウヨ」でなければならないからです。

ところが、左派による、この点を論じているテキストを、少なくとも筆者は読んだことがありません。

左右対立を好む人たちの間で叩き合うぶんには好きにすればいい。しかし彼らは、政治思想活動をやっている人とやっていない人の仕分けを行っておらず、闇雲に一般のネット民（＝一般大衆）に対してまで「ネトウヨ」と同一視して攻撃しているのです。これは明らかにやりすぎです。攻撃された一般ネット民（＝一般大衆）が、左派の人たちを嫌いになってしまうのも無理からぬことでしょう。筆者は、日本の右傾化の背景には、実は左派の人たちの貢献が色濃いのではないかと考えています。

右派とオタクの親和性

さて、ようやく「右派オタク」について述べるスタートラインに立ちました。

筆者が論じたい「右派オタク」とは、右翼活動を行うオタクのことではなく、一般大衆と同様の右派のスタンスではありますがあくまでもオタク趣味を主とする人のことです。

二〇〇〇年代頃から、マンガやアニメに神社や巫女が題材にされることが増え、またミリタリーを好むミリオタや、それに美少女を加えた「萌えミリ」、そして戦国武将を好む「歴女《れきじょ》」が可視化されました。

さらには日本国内の様々な場所に、マンガやアニメの舞台となった場所「聖地」が生まれ、その地を巡る「聖地巡礼」の旅が人気を集めています。

二〇一〇年以降になると、『風立ちぬ』『君の名は。』『この世界の片隅に』『鬼滅の刃』といった日本の歴史や文化が土台にあるアニメが軒並みヒットしています。

その背景には、昭和時代に日本人に植えつけられていた、自国の歴史を自虐的に捉える歴史観にメスが入れられたことが遠因にありそうです。冷戦が終結し、グローバル化したことによって自虐的な歴史観が見直される機運が高まり、九〇~〇〇年代の二十年の間に日本の歴史の再評価が行われました。

これによって、日本人が「自虐史観」から解放されて多様性が認められるようになったことで、日本の歴史を不自由なく語ることができるようになったのでしょう。

またグローバル化の影響なのか、日本の伝統文化やポップカルチャーが海外から高く評価されていることが伝わってくるようにもなりました。これにより、製作者・制作者がマンガやアニメで日本を好意的に描いても許されると考えた結果、日本の歴史や文化が土台にあるアニメが増えたのではないでしょうか。

右派オタクの新時代

二〇一九年末頃より新型コロナウイルスが発生、その感染拡大により世界的規模でパンデミックが勃発しました。その鎮圧にあたっては経済面で大きなダメージを受けることになってしまいました。

1章で、我が国がインバウンド需要および東京五輪特需により外国人観光客数を三〇〇〇万人にまで伸ばしたことを述べていますが、こういった観光産業は壊滅状態に陥ってしまいました。コロナ禍が収束した後もおそらく、これまでの日常には回帰せず、激動の時代が訪れることでしょう。この出来事は、筆者の主観ではありますが、明治維新や終戦など約七十五年ごとに訪れる大転換の出来事と捉えています。

さて、そのような状況にある今、なぜ右派とオタクがテーマなのか。

第一の理由は、コロナ禍以前から筆者が執筆に取り組み始めたからなのですが、そもそも本書のテーマは、二十一世紀に入ってからの二十年の間に、この二つの属性に対する認識が大転換していたことを明確にすることにありました。

コロナ禍以前と以降では、社会のあり方がまったく変わってしまうことは誰でも感じていると思われます。それと同様、右派とオタクの両属性も、かつての蔑視されていた時代と大衆化した現在とを比較すれば、やはりまったく違うわけです。真逆へと変わってしまった。嫌韓でありオタクである筆者ですら、旧世紀の頃は右派とオタクがここまで一般化するとは考えていませんでした。ましてや一般大衆は想像もできなかったはずです。

そして右派とオタクの大衆化を促進させたのがインターネットであり、インターネットによってマスメディアによる支配から脱却して大衆の声が広まった。つまり右傾化とオタク化とは、大衆のニーズに応えたものだったわけです。そして、この二つの属性は非常に親和性が高いのです。

今世紀に入った頃でしょうか、世論の右傾化とオタク化、そして両属性の結びつきは割と活発に論じられていたように思います。歓迎する声と嘆く声、どちらも聞こえてきました。現在、コロナウイルスによる被害を「コロナ禍」と呼んでいますが、当時「禍」という言葉がメジャーだったならば、右傾化とオタク化を嘆く人たちは、これをそれぞれ「右傾禍」「オタク禍」と称していたかもしれません。彼らは強いヘイト感情をもって、それらも蔑視していたわけですから。

しかし、それももはや十年以上も昔のこと。二十一世紀になってすでに二十年が経ち、二〇一九年からは元号も令和へと変わりました。そして右傾化とオタク化は、日本のみならず世界を巻き込んでの大規模な動きであり、右派とオタクはそれぞれ海外では「自国第一主義」や「OTAKU」などと称されています。ここまでの影響があるのならば、今一度この動きについて振り返っておきたいところです。

繰り返しますが、今回のコロナ禍により、日本、いや世界のあり方は大きく変わっていくことでしょう。その変化について、まずはリアル社会からインターネットへの移行がさらに促進していくであろうことが予想されています。コロナウイルスは他者との密な接触を避けなければならないのですから。

さて、インターネットへの移行とはどういうことなのか。こちらもすでに述べたとおり、右傾化とオタク化の進行とは、インターネットの躍進によるものでした。であれば、この二つの属性はコロナ禍以降、さらに加速していくのではないかとも考えられます。このことから考えても、やはり右派とオタクについての理解が必要だと思われるのです。

右派とオタクのこれまでの現代史、そしてポスト・コロナ禍時代でも影響力を発揮していくであろうこの二つの属性について、本書で論じていきたいと思います。

第1章　世界が認めるオタクカルチャー

外国人旅行者激増

バブル崩壊以降の日本は、三十年にわたる景気の停滞または後退が続き、甚大な負債と消費力の低下により、国際的な競争力が落ちています。

さらには、深刻な超高齢社会の到来に加えて、出生数一〇〇万人どころか九〇万人を切る少子化が起こっています。日本は問題が山積みで、暗い現状が横たわっていると言えます。

その反面、依然として世界三位の経済力（二〇一〇年までは二位）を誇っています。日本は、強い経済力と、資源に依存しない包括的な産業構造を持ち、相対的安定性を持っています。

そして、少子高齢化や消費の低迷を救ってくれるものとして、最も期待が寄せられていたのが観光産業でした。コロナ禍により壊滅してしまいましたが、二〇一三年に約一〇〇〇万人だった訪日外国人数は、二〇一八年には三〇〇〇万人を突破しました。急激な右肩上がりで外国人観光

【図1】訪日外国人数の推移（単位=万人）

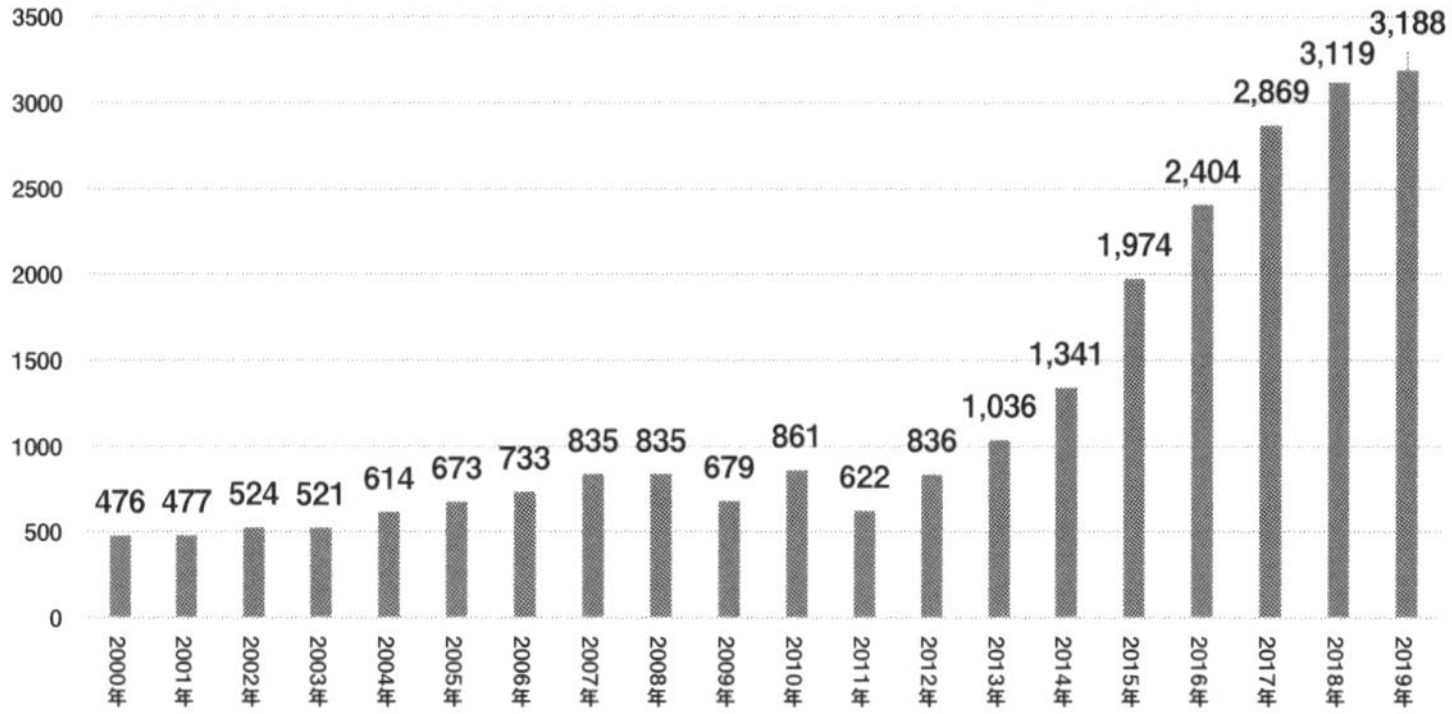

出典：「訪日外国人数の推移」日本政府観光局（JNTO）

客が増えていたのです。

外国人観光客は、日本だけでなく世界全体で増加していました。「国連世界観光機関（UNWTO）」の発表による推移は次頁の図2「国際観光客到着数総数」の通りです。

二〇〇〇年と二〇一六年を比較すると、国際的には約二倍に増えていますが、二〇〇〇年と二〇一六年の訪日外国人数は約五倍も増えているのですから、日本は、世界平均よりもはるかに大きな伸び率を見せていたのです。

訪日外国人数が増加していた理由には、円安の進行やLCC（ローコスト・キャリア）と呼ばれる航空会社の就航と本数増加によって渡航費が安くなったことが挙げられます。

二〇一九年の訪日外国人を国別で見ますと、中国人が九五九万人でもっとも多く、訪日外国人の三分の一弱を占めています。これは二〇一七年五

【図2】国際観光客到着数総数（単位=万人）

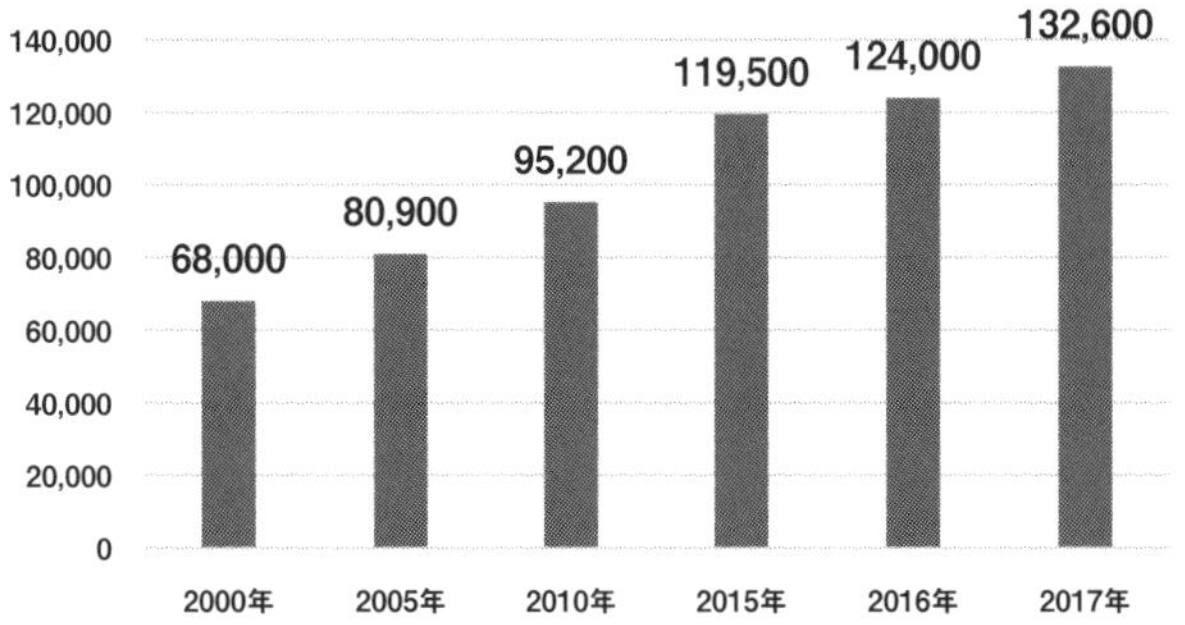

出典：国連世界観光機関（UNWTO）2018

月から訪日中国人に対するビザ発給要件が緩和されたことによるものでしょう。

二〇一八年、韓国の反日感情が制御不能なほどに暴走したことによって日韓関係が悪化し、二〇一九年の訪日韓国人の対前年比伸び率は、マイナス二五・九％へと落ち込みました。

しかし韓国以外の国からの訪日外国人が激増しており、二〇一九年の訪日外国人数は、前年比二二・二％増の三一八八万二〇〇〇人を記録しています。この結果から、訪日韓国人の減少は何も問題がなかったということがわかります。

訪日外国人数の増加は、彼らの消費額増加にもつながります。二〇一二年に一兆八六一億円だった訪日外国人旅行消費額は、二〇一九年には四兆八一一三億円にまで激増しています。

国籍・地域別の訪日外国人一人当たり旅行支出も見てみましょう。

【図３】訪日外国人旅行消費額（単位=億円）

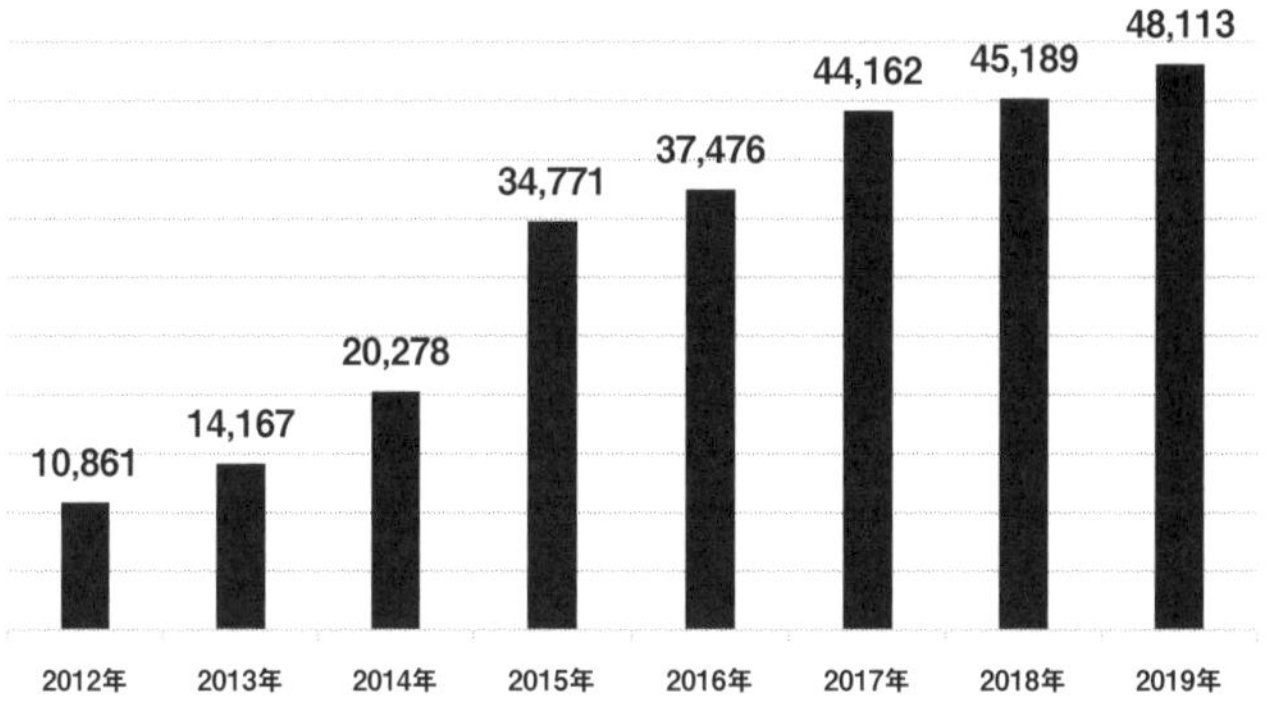

出典：「訪日外国人消費動向調査」観光庁

注）従来は空港を利用する旅客を中心に調査を行っていましたが、短期滞在の傾向があるクルーズ客の急増を踏まえ、2018年からこうした旅客を対象とした調査も行い、調査結果に反映しています。従来ベースの推計方法で2018年の旅行消費額を推計すると、4兆8千億円となります。

全国籍・地域における一人当たりの旅行支出の平均額は一五万三〇二九円なのですが、韓国人旅行客の平均額は七万八〇八四円。全国籍・地域平均額の約半分程度に過ぎません。図４の折れ線グラフからわかるように、韓国人観光客の一人当たりの旅行支出額は他の国の観光客と比べてダントツに低かったのです。

コロナ禍によって日韓間の往来が困難な状況となっていますが、近年は、聡明な韓国人から順に反日イデオロギーの脱却が進んでいるようで、今後の日韓関係の改善を期待したいと思います。

世界から愛される日本文化

ウェブサイト「FinTech Journal」（SBクリエイティブ）で連載されている「橘玲のデジタル生存戦略（4）」（二〇二〇年一月二十七日付）にて、「日本人が直視できない現実、アジア人観光客が訪日するのは『ただ安いから』」と題する記事で、

〈今、日本はインバウンド需要に沸いていますが、訪日客が増える一番の理由は日本の物価が安いからです。おもてなしは大して関係ありません。

確かに、文化遺産として京都などは素晴らしいと思います。中国はあれだけ歴史があるのに全部壊してきたので、京都のような街はまったく残っていません。唐の長安がどんな街だったのかを知りたければ京都に来るしかない。

そういう意味で観光立国のアドバンテージはあるでしょうが、一番の動機は「だって日本は安いから」なのです〉

と述べ、訪日外国人増加の理由について物価の安さばかりを強調しています。しかし、いくら安く日本旅行ができるようになったとしても、日本という国に価値を見出さなければ、わざわざ訪日して旅行を楽しもうとは思わないでしょう。

さて、訪日外国人旅行客の旅行目的とは何でしょうか。『JNTO訪日旅行データハンドブック』の「訪日前に期待していたこと」の回答を見てみましょう（図5）。

【図4】2018年暦年国籍・地域別の訪日外国人1人あたり旅行支出と旅行者数

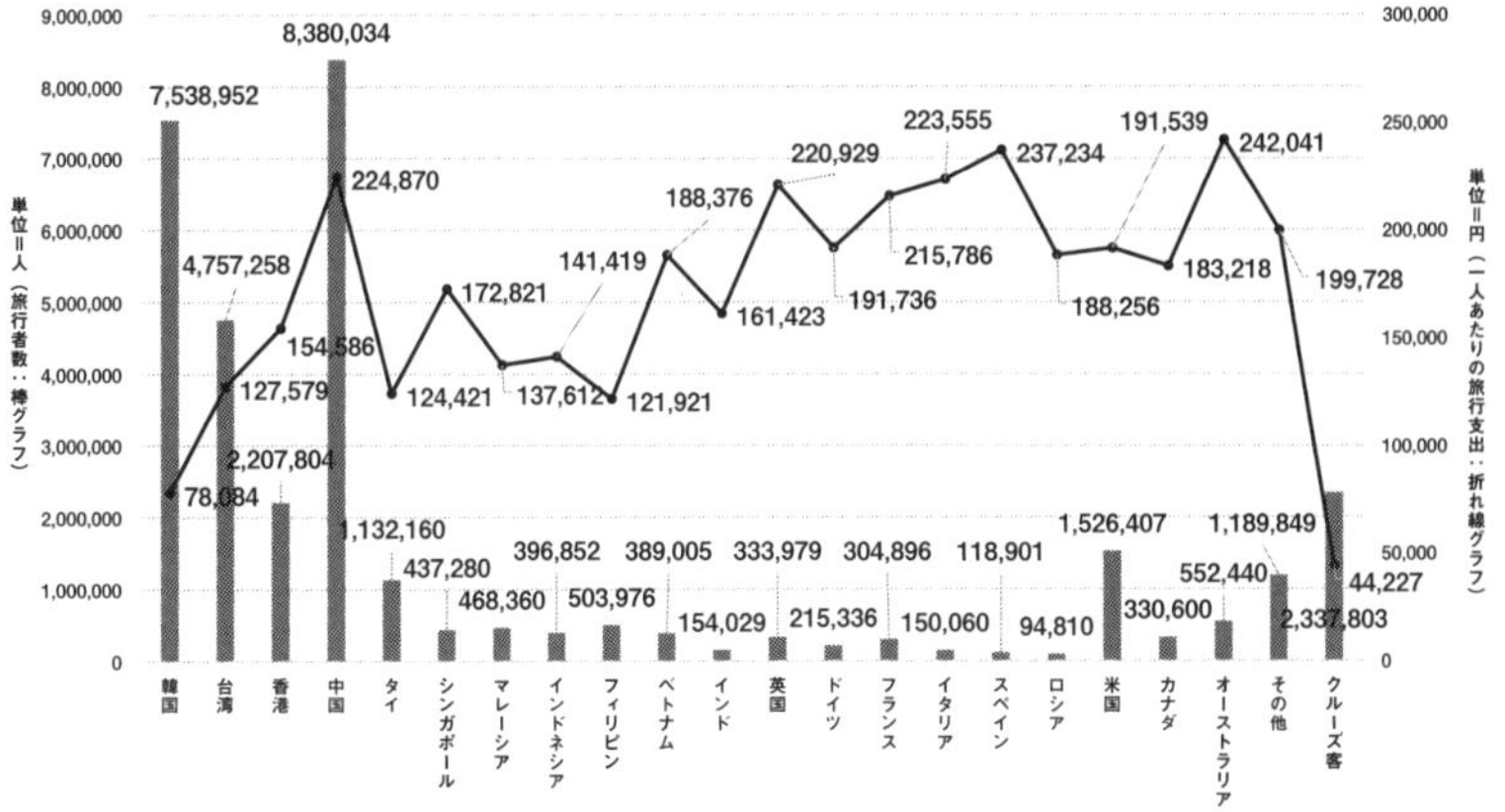

出典：「訪日外国人の消費動向　2018年年次報告書」日本政府観光局（JNTO）

【図5】訪日前に期待していたこと（複数回答）

1位	日本食	70.5%
2位	ショッピング	54.4%
3位	自然・景勝地観光	46,5%
4位	繁華街の町歩き	41.7%
5位	温泉入浴	28.1%

出典：『JNTO訪日旅行データハンドブック』国際観光振興機構（2018年版）

この回答によれば、訪日外国人旅行客の旅行目的一位は、日本食を食べることです。二〇一三年に和食がユネスコ無形文化遺産に登録されて以来、和食への関心が高まっています。伝統的な和食はもちろん、寿司やラーメン、カレーライス、TKG（卵かけご飯）、おにぎりといった日本の日常食から、スイーツ、アイスコーヒーなども人気があります。

二位はショッピングで、中国をはじめとしたアジア諸国にて高い需要を誇ります。ドラッグストアや百貨店、家電量販店の他、コンビニや一〇〇円ショップなどでの買い物も好評です。また文房具や食品サンプル、ガシャポンといった高いクオリティの小物類も人気があるようです。

後ほど述べますが、マンガやアニメ、ゲームなどの日本のポップカルチャーは海外から非常に好意的に評価されており、アニメグッズやプラモデル、フィギュアを買いつけに来る外国人も少なくありません。さらにはレトロゲーム、懐かし玩具、といった昭和レトロ商品の人気も高く、希少レコードなどを含めた国内のプレミア商品が根こそぎ買われ、海外流出しているという事態も起こっています。

また当然のことながら、日本の歴史・文化も強く興味を持たれており、妖怪や忍者、サムライなどの日本の伝統文化は非常に好意的に評価されています。

平成中頃までの日本人は、自国文化について自虐的に捉えて過小評価してきました。しかし、海外からは高く評価されていたのです。

その他に訪日外国人が増えていた理由として、日本は治安が良く安全であることや、清潔なこ

【図6】訪日旅行の満足度

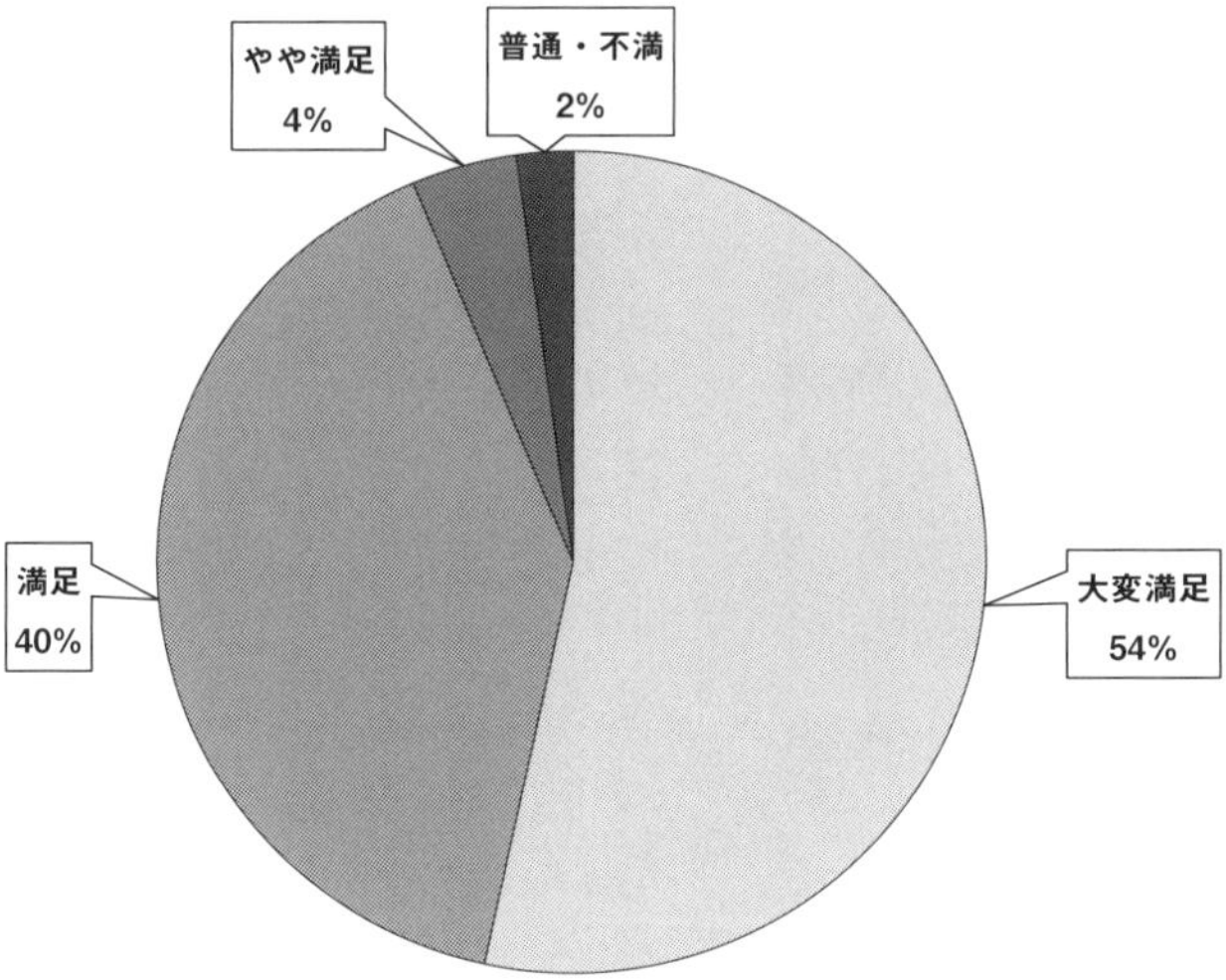

出典：『訪日外国人の消費動向（2018年）』観光庁

【図7】訪日リピーターの割合の推移（全国籍・地域）前目的（%）

	1回目	2回目以上
2011年	35.5%	64.5%
2012年	36.9%	63.1%
2013年	35.2%	64.8%
2014年	37.6%	62.4%
2015年	41.3%	58.7%
2016年	40.7%	59.3%
2017年	38.6%	61.4%

出典：『JNTO訪日旅行データハンドブック』国際観光振興機構（2018年版）

【図8】訪日リピーター数（全国籍・地域　全目的）

2011年	401万人
2012年	528万人
2013年	672万人
2014年	836万人
2015年	1159万人
2016年	1426万人
2017年	1761万人

出典：『平成29年訪日外国人消費動向調査
【トピックス分析】訪日外国人旅行者の訪日回数と消費動向の関係について』観光庁

とも挙げられます。地震や台風、道路の陥没などが起こっても、復興が速やかになされるなど、インフラの素晴らしさも評価されています。

訪日外国人が、旅行後に感想を知人や友人へ話したり、インターネットのSNSや口コミサイトへの投稿をしたりすることによって興味を持たれ、新規客の誘致にもつながっていたようです。

海外旅行先の国や地域は数多く存在します。「ただ安いから」という理由だけならば、訪日外国人数が世界平均よりもはるかに大きな伸び率を見せることもないでしょうし、訪日前に期待することもないでしょう。そして高い満足度やリピーター数にもつながらないはずです。

世界を席巻する日本アニメ

二〇一八年に公開された劇場用アニメ『ドラゴンボール超 ブロリー』が、海外で爆発的なヒットを記録したことは記憶に新しいことと思います。アメリカでは二〇一九年一月十六日に公開され、初日に興行収入七〇〇万ドルを記録し、全米初登場一位を達成。本作は九〇の国と地域で公開され、その累計興行収入は一三五億円を突破しました。

『ドラゴンボール超』とは、テレビアニメ『ドラゴンボールZ』の魔人ブウ編の続きとして描かれている正統な後継作品で、日本では二〇一五年から二〇一八年の間にテレビアニメとして放送されていました。

本作は海外でも放送されており、メキシコではちょっとした騒動が起こっています。『ドラゴンボール超』の最終話をみんなで観ようと、パブリックビューイングを無料で開催してほしいとのファンの声が挙がり、それに対してメキシコの複数の地方自治体がサッカースタジアムや公共広場などでのイベントを企画して、著作権を持つ東映の許可を取らないままイベントを敢行したのです。観ている人たちの映像がYouTubeにいくつも上がっているのですが、まるでサッカーのFIFAワールドカップ（W杯）の決勝戦を観ているかのような盛り上がりでした。無許可でイベントを行ったことについては歓迎できませんが、このように盛り上がる様子を知れば、著作権者側としても苦笑いして許さざるを得ないのではないでしょうか。

日本のアニメが、海外で社会的な人気を誇っているという話は少なくありません。例えばフランスでは永井豪原作のテレビアニメ『UFOロボ グレンダイザー』が視聴率一〇〇％を記録したとか、松本零士原作のテレビアニメ『宇宙海賊キャプテンハーロック』が視聴率七〇％を記録し、同作に熱中した世代を現地では「アルバトール世代」と呼ばれているなどが挙げられます。

世界のマンガ文化圏は、アメリカのカートゥーン、フランスのバンドデシネ、そして日本のマンガの三つに大別され、日本のマンガ・アニメは、フランスで特に高く評価されていると言われています。

ところがイタリアも負けていません。永井豪のマンガ家生活三〇周年記念のムック本『GO NAGAI All His Works』（辰巳出版、一九九七年）に掲載されている「主要作品海外放送一覧」を見ると、当時、永井豪作品が最も放送されていた国はイタリアだったことがわかります。『鋼鉄ジーグ』をモチーフとした『皆はこう呼んだ、鋼鉄ジーグ』（二〇一五年）という実写映画があるのですが、同作の監督を務めたガブリエーレ・マイネッティは、「僕らの世代（筆者注：一九七六年生）や僕らよりちょっと上の世代にとっては、日本のアニメーションは特別な存在。日本のアニメーションは僕らの心の中に根づいていると言っていいくらいです」とまで述べています。

フィリピンでは、一九七八年に放送されたテレビアニメ『超電磁マシーン ボルテスV』の人気が特に高く、子どもへの影響力の強さとその内容が暴力的だとして、時の大統領フェルナンド・マルコスによって放送中止になった事件が起こりました。

海外に受け入れられたロボットアニメ

親日外国人が増えた理由の一つに、アニメの影響が挙げられますが、さて日本のアニメはいつ頃から輸出されていたのでしょうか。

それは、国産テレビアニメとしては初となる『鉄腕アトム』（一九六三年）からと言われています。同作はこれまでに三〇ヶ国以上で放送されたとされています。

そして一九七〇年代前半に香港と台湾にそれ以外のテレビアニメも輸出され、続いてアジア圏の様々な国で放送され始めます。

一九七〇年代後半にはヨーロッパへの輸出が始まります。まず最初にイタリア、その次にフランスで放送されました。

筆者は以前、イタリアのヘヴィメタル・バンド「スカイラーク」のエッディ・アントニーニ氏にインタビューしたことがあります。アントニーニ氏が大阪に長期滞在していたことから取材を申し込んだのですが、その目的は、彼が『マジンガーＺ』『天空の城ラピュタ』『となりのトトロ』『ＵＦＯロボ グレンダイザー』などのアニメソングをカバーしたことについて聞くことにありました。イタリアでは、スカイラーク以外にも多くのバンドがアニソンのカヴァーを行っています。

前項で永井豪作品を最も放送した国はイタリアだったことを述べましたが、イタリアでは、最盛期には日本のアニメを一日計七時間放送していたようです。

日本のアニメが海外に広がったのは、世界的にテレビのチャンネル数が増えたことと、ソフトが不足していたという背景があり、そこに日本のアニメは価格（放送権料）が安かったため、世界各国から買いつけられることになりました。

そしてアニメというのは記号化された絵であることから、日本の生活風景が映し出される日常のシーンを除けば、どの国で放送されても違和感を持たれにくく、特にロボットものや世界スタンダードな名作ものなどは大抵の国で放送できます。このような事情が重なって、世界中で多数の日本のアニメが放送されていたわけです。

以前、忘年会の二次会でアニソンバーに行った際、アメリカ人の「OTAKU」も参加しました。そこで彼が最初に歌った楽曲は、OVA（オリジナル・ビデオ・アニメ）『バブルガムクライシス』（一九八七年）の主題歌だったのです。彼は他に『メガゾーン23』の主題歌も歌っており、そのマニアックな選曲に驚きました。その人は、普段は小島剛夕などの一九五〇～六〇年代の貸本漫画についての話をよくしているのですが（これも驚愕すべき話ですが）、彼曰く、学生の頃は『ロボテック』系譜の日本のアニメにハマっていたのだそうです。

『ロボテック』とは、『超時空要塞マクロス』『超時空騎団サザンクロス』『機甲創世記モスピーダ』の三作品を同一世界として合体させたアメリカ編集の帯番組で、その人が言うには「自分と同じ世代（一九六〇年代後半～七〇年代前半生まれ）のアメリカ人は、『ロボテック』の影響を受けている者が多い」とのことでした。

数字で見る日本と世界のアニメコンテンツ市場

かなり古いソースとなりますが、テレビ朝日サイト内の「ジャパニーズ in the ワールド」によれば、二〇〇四年には**〈日本製アニメは世界シェアの60％を超え、ヨーロッパでは放送されるテレビアニメのうち80％が日本製〉**と書かれています。その圧倒的なシェアを誇る日本産アニメが世界各国のテレビで放送されているのですから、アニメはもはや日本のイメージ向上の役割だけに留まらず、各々の国において社会的な影響力を発揮するまでに至っていると言えます。

国内と海外を合算したアニメ産業市場は、二〇〇二年は一兆九六八億円でしたが、二〇一八年は国内が一兆一七二二億円、海外が一兆九二二億円、合計二兆一八一四億円となり、ほぼ二倍に増えています。

二〇二〇年初頭でしょうか、海外展開における二〇一八年の市場規模が、一兆円を超えたことが話題になりました。二〇〇九年から二〇一三年の海外市場規模は二〇〇〇億円台でしたが、それ以降一気に伸び、一兆円の大台に乗ったのです。

アニメ産業市場は非常に浮き沈みが激しいさまが図9のグラフから見て取れ、今後の展開については どうにも読めません。まして、コロナ禍により、将来予測はより困難となっています。日本のアニメ産業の手綱を握っている人たちの手腕に期待したいところです。

世界を結んだヘヴィメタルとアニソン

筆者にはヘヴィメタルを聴く趣味があります。そのきっかけは、学生時代にロボットアニメなどのアップテンポで格好良い楽曲をもっと聴きたいと思うようになり、そういった音楽を探し求めて見つけたのが日本のヘヴィメタルでした。その延長線として洋楽ヘヴィメタルも聴くようになったのですが、当初はアニソンの代用品としてでした。

二〇一八年に上梓した拙著『ジャパメタの逆襲』（扶桑社）でアニソンとヘヴィメタルは非常に似ているということを論じているのですが、実際に八〇年代の「ジャンプ系アニメ」（『週刊少年ジャンプ』で連載されていたマンガを原作とするアニメ）やアクション系アニメの主題歌にはヘヴィメタル系アーティストが多く起用されており、影山ヒロノブ氏がその代表的存在でしょう。九〇年代半ばにはアニメタルが社会的なブームになり、またアニソンシンガーが海外で公演を行い始めます。

二〇〇〇年代以降になると、前述のスカイラークのようなアニソンをやる海外のヘヴィメタルのバンドおよびアーティストを多く見かけるようになりました。前述のとおり、一九七〇年代後半の頃から世界各国・各地域で日本のアニメがテレビ放送され始め、そのとき視聴していた子どもたちがアーティストとなって、その活動のなかで自分の血肉となったアニソンを反映させているわけです。

【図9】アニメ産業市場（広義のアニメ市場）（億円）

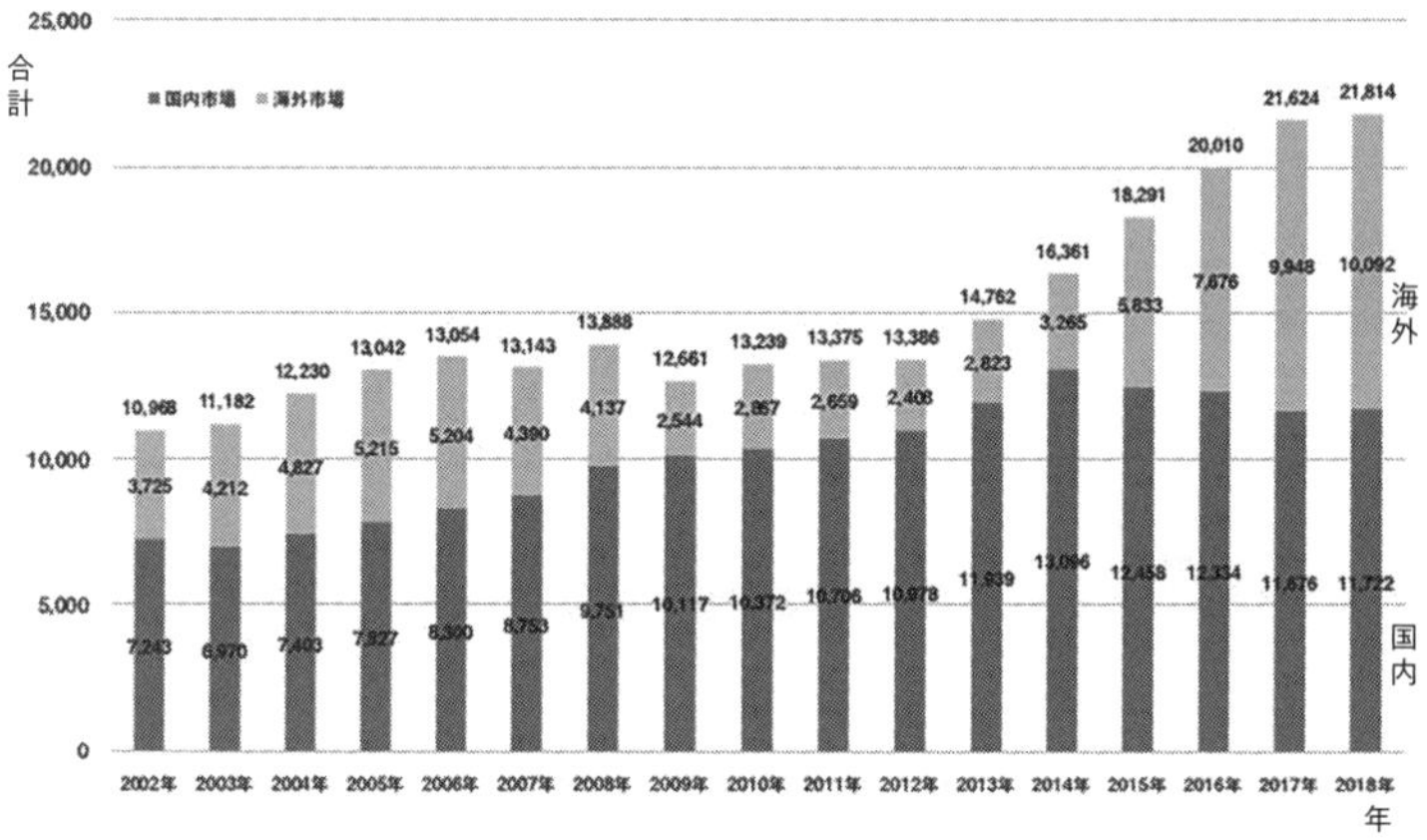

※国内のアニメ関連会社約150社を対象に売り上げを算出

出典：『アニメ産業レポート2019』一般社団法人日本動画協会

【図10】主要16ヵ国のメディア×コンテンツ市場のエリア別推移（億円）

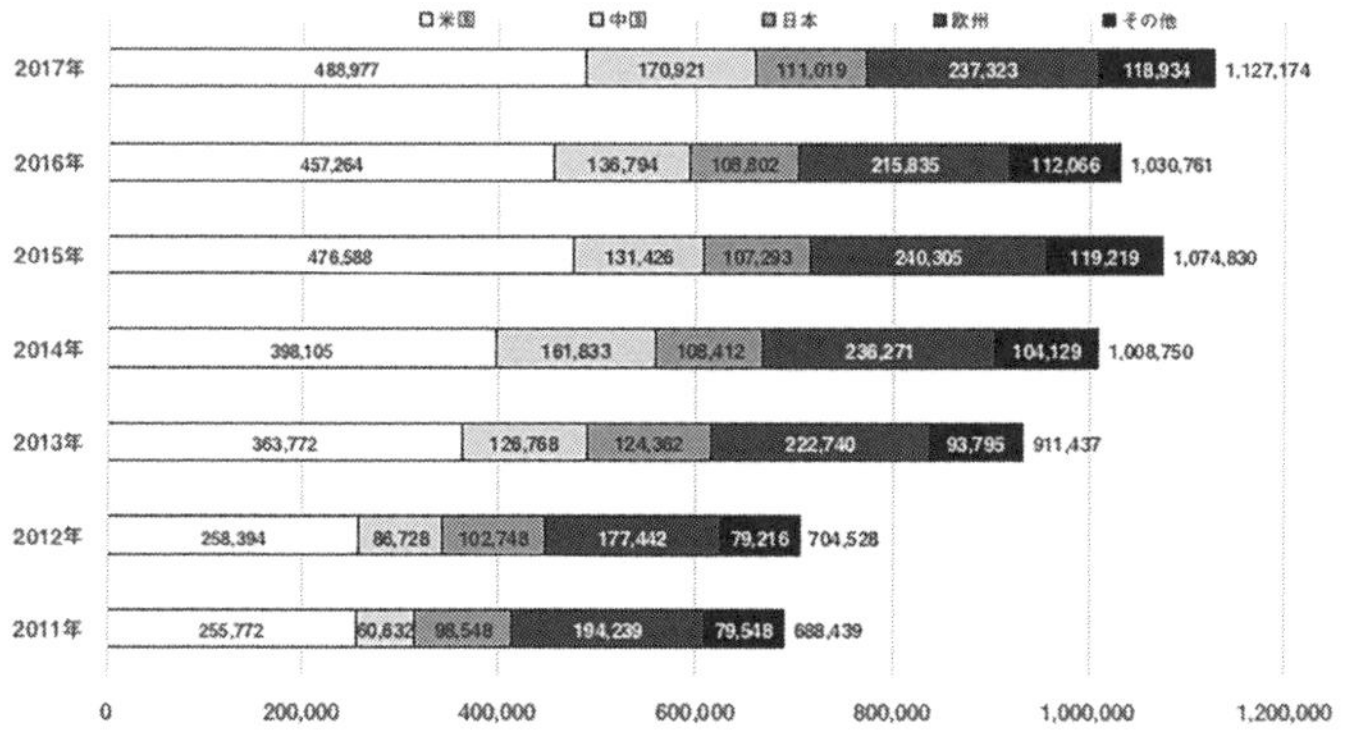

※欧州は、英・独・仏・伊・西・露

出典：ヒューアンメディア

筆者が知る限りで歌われているアニソンは、『ドラゴンボールZ』や『北斗の拳』、『聖闘士星矢』といったジャンプ系アニメや、『マジンガーZ』や『UFOロボ グレンダイザー』などのロボットアニメが多い傾向にあります。ヘヴィメタルと同質の匂いがあるアップテンポな楽曲がカバーされやすいわけです。

また、リッチー・コッツェンによる『ガンダム』シリーズの楽曲のカバー・アルバムや、日本で人気の高いメタル系外国人ミュージシャンでメンバーを集めて「アニメタルUSA」を結成させてアルバムをつくるなど、バンド・アーティスト側ではなく、レーベル側の要請でヘヴィメタルがアニソンをカヴァーするという流れもありました。

ヘヴィメタルとアニソンの接近は、海外と日本のオタクカルチャーを結びつけるにあたって有効な手法であり、二〇〇〇年代以降はレーベル側主導によるグループ活動が日本のメタルシーンを引っ張るようになっています。

日本のヘヴィメタル・シーンは十年ごとに中核となるバンドおよびグループが登場しています。一九八一年に登場したラウドネス、一九八九年にはX（X JAPAN）が登場、二〇〇〇年にJAM Project、そして二〇一〇年にはBABYMETALが登場しており、いずれも海外での活動を成功させています。

BABYMETALは〝ラウド系アイドル（ラウドル）〟という新ジャンルを開拓し、後続グループが続出しています。ラウドル勢は日本のポップカルチャー、〝KAWAII〟という日本独自の可愛いもの人気の追い風を受け、海外でも活発な活動を行っています。

また同時期、〝嬢メタル〟と称される数多くの女性メンバーによるメタル・バンドが勃興。こちらも海外ライブを積極的に行っており、海外のアニメイベントにしばしば招聘されています。彼女らは洋楽ヘヴィメタルの色濃い音楽性を持っていることから、海外のファンにとってはラウドル勢のグループより文脈がわかりやすく、相性もよいのでしょう。

音楽シーンがヘヴィな音に慣れてきたのか、アニソンシーンにおいては〝ラウド系アニソン〟が話題になっています。さらには声優アイドル（声ドル）ですらもラウド系ミュージックを歌うようになっており、筆者はそういった声ドルや楽曲のことを〝ラウド系声ドル〟と呼んでいます。

オタクカルチャーへの偏見が薄まったことやグローバリズムといった環境の変化によって、ラウド系とオタク系の音楽シーンの結びつきがここ数年で急速に強まっており、海外のオタクおよび音楽ファンの間では大きく注目されているのですが、国内ではあまり話題となっていないようで残念な限りです。

オタクとOTAKUを結ぶ日本愛

現在、「オタク」というマンガ・アニメ好きを表す総称は誰でも自称できるようになっています。

しかしオタクとされる人たちは、かつては気持ち悪い存在とみなされ、世間から差別的な扱いを受けていたことは、まえがきで述べたとおりです。「オタク」とは蔑称であり、またヘイトな意味が内包されていたのです。

アニメグッズやビデオソフト、エロマンガや同人誌を買い漁るような人やタフな精神を持つ人は、自分自身を「オタク」と自称していましたが、その際は自虐的に用いていたほどです。筆者は、彼らのことを頭のネジがぶっ飛んでいる非常識な人たちと思っていました。

ところが「オタク」は、海外においても「ＯＴＡＫＵ」と称され、アニメをはじめとする日本発のポピュラーカルチャー愛好者を指す名称として用いられ、そこにヘイトな意味は含まれていません。それどころか、格好良い趣味と見る傾向もあるようです。日本では蔑称扱いだった「オタク」は、海外では一種の尊敬の意味を込めて、尊称として用いられているのです。また好んで自らを「ＯＴＡＫＵ」と称する人もいるほどに格好良い存在とされています。

現在、「ＯＴＡＫＵ」という属性で世界中のオタク（ＯＴＡＫＵ）が連帯する時代が到来しているのです。

そして外国人ＯＴＡＫＵの人たちは、「日本のアニメじゃないアニメは観たくない」とか、「日本産アニメに申し訳ない」などの理由で、日本産以外のアニメを観ないという日本至上主義を持つ人もいるほどに、日本のアニメに対して大きな信頼を寄せています。さらには、アニメだけでなく、日本の文化そのものをリスペクトする外国人ＯＴＡＫＵも少なくなく、日本とオタクカルチャー、ＯＴＡＫＵが三位一体の幸福な関係を築くまで到達していると言っていいでしょう。

オタクカルチャーがつなぐ世界と日本

近年、アニメ、マンガ、ゲームなどをテーマにしたオタクイベントは国内の至るところで開催されています。国内だけに留まらず世界中で開催されており、そのイベント数は毎年一〇〇〇を超え、またその参加者数は二〇〇〇万人を超えていると推察されています（「国際オタクイベント協会（IOEA／International Otaku Expo Association）」ウェブサイト参照）。

海外でのオタクイベントの開催は一九九〇年代から始まり、アメリカでは一九九二年からロサンゼルスで「アニメエキスポ」が開催されました。同イベントはカリフォルニア州で毎年六月末〜七月頭頃に催されており、現在は一〇万人を超える動員数を誇る北米最大級のアニメイベントに成長しています。

またアニメエキスポと並ぶ規模の「オタコン」（「オタク・コンベンション」の略）は、一九九四年が起点となっています。同イベントは、東アジアのポップカルチャーがテーマがとなっており、日本からは声優やアニソン歌手、マンガ家などが招聘されています。

オタクイベント開催の動きはアメリカだけでなく、カナダの「アニメノース」や、スペインの「サロン・デル・マンガ」（二〇一九年に「マンガバルセロナ」へと改名）は、一九九五年から始まっています。

二〇〇〇年代になると、二〇〇〇年にフランスで「ジャパンエキスポ」が、二〇〇一年にイタリアで「ロミックス」が、二〇〇二年には台湾で「ファンシーフロンティア」の開催が始まりました。その後もブラジルや中国、香港などでもイベントが始まっています。オタクイベントは世界各国で開催され、また十年、二十年と続けられていることから、近年では一〇万人を超える動員数を誇る規模のものも増えてきています。

このように、世界のあらゆる国および地域でオタクイベントが開催されていることから、二〇一五年に世界中のオタクイベントを集めた「国際オタクイベント協会（ＩＯＥＡ／International Otaku Expo Association）」が設立され、五〇の国と地域から一三八イベント（二〇一九年十二月二十六日現在）の団体が加入しています。

ＩＯＥＡ代表の佐藤一毅氏は、設立時に「ＩＯＥＡは、世界中のオタクイベントが集うことでその多様性をさらに進化させ、新たなオタク文化の発展に貢献することを目的としています」とコメントしています。また同協会事務局長の櫻井孝昌氏は、世界のオタクがつながることで、「親和、信頼、互助、相互理解、お互いの文化の再認識・再確認が促進される」といったことを述べています。

日本発のオタクカルチャーを題材に、世界中のオタクの人たちが集って、地球レベルでつながっているというのは、実に痛快なことではありませんか。

現在、数千万人のオタクカルチャー愛好家の外国人が、日本のマンガやアニメを嗜んでおり、そ

【図11】世界各国の主要オタクイベントの開始年

年	イベント名	国名
1992年	アニメエキスポ	アメリカ
1994年	オタコン	アメリカ
1995年	アニメノース	カナダ
1995年	サロン・デル・マンガ（マンガバルセロナに改名）	スペイン
2000年	ジャパンエキスポ	フランス
2001年	ロミックス	イタリア
2002年	ファンシーフロンティア	台湾
2003年	アニメフレンズ	ブラジル
2007年	魔都同人祭	中国

出典：『平成28年度コンテンツ産業強化対策支援事業（世界の日本コンテンツ消費者に関する実態把握調査）報告書』博報堂より

ういった人たちのコミュニティが存在しているという状況なのです。世界中の国および地域で開催されている日本のコンテンツを核とするオタクイベントは、その象徴と言えるでしょう。

国家戦略としてのクールジャパン

海外で日本の様々な文化が評価されているという話題が出る際、しばしば「クールジャパン」という言葉が用いられます。「クールジャパン」とは、内閣府のサイトによれば**〈世界から「クール（かっこいい）」と捉えられる（その可能性のあるものを含む）日本の魅力〉〈「食」、「アニメ」、「ポップカルチャー」などに限らず、世界の関心の変化を反映して無限に拡大していく可能性を秘め、様々な分野が対象となり得る〉**と書かれています。

この言葉は一九九〇年代に英国で揚げられた「クール・ブリタニア」をもじったものとされ、ダグラス・マグレイというジャーナリストが書いた「ジャパン・グロス・ナショナル・クール」という論文がその発祥とされています。同論文は、アメリカの外交専門誌『フォーリン・ポリシー』に掲載され、日本では「ナショナル・クールという新たな国力　世界を闊歩する日本のカッコよさ」と題する抄訳が『中央公論』（中央公論新社、二〇〇三年五月号）に掲載されています。同論文の内容を簡潔に説明しますと、今日の日本は文化大国としてナショナル・クールがありソフトパワーを蓄えているが、栓を抜いてそれを出す手段がほとんどなく、またメッセージもない状態だということを述べており、必ずしもポジティブな内容というわけではありませんでした。また論文内には「クールジャパン」という言葉もありません。

前述したように、九〇年代に海外で日本のポップカルチャーが好意的に評価されていることが可視化され、またこの頃は、国内外で日本の様々な文化が台頭してくることが予想されるなどの言論が活発でした。そういった背景があって、「クールジャパン」という言葉が生まれ、広がっていったのでしょう。

そして二〇一〇年、経済産業省製造産業局によって設置された「クールジャパン室」が、従来の自動車や家電・電子機器産業に、ポップカルチャーを中心とした文化産業の海外進出支援などを行うとする「クールジャパン戦略」を立てて以来、「クールジャパン」は、日本の経済成長を促すスローガンとしての意味も持つようになります。

さらに二〇一三年、政府と電通など官民ファンドによる「海外需要開拓支援機構（クールジャパン機構）」が設立され、「クール・ジャパンの海外展開」が国家戦略の一つとして行われています。自ら「クールジャパン」と発信した時点でクールではなくなる気がしますが、それはそれとして、文化や産業の海外進出に関して、今後も国による支援・補助の必要性は高いと言えます。

伝統回帰と経済効果

二〇〇〇年代後半頃からでしょうか、「聖地巡礼」という言葉が聞かれるようになりました。聖地巡礼とは、マンガやアニメなどの舞台および物語・登場人物にゆかりのある場所（聖地）を訪れる行為のことを指し、そこを訪れる旅行者が増えているのです。

聖地巡礼の起点となったアニメが、二〇〇七年にテレビ放送された『らき☆すた』です。同作の四人の主人公のうち双子の姉妹は鷹宮《たかのみや》神社の境内に居住しているのですが、そのモデルとなった埼玉県久喜市に存在する鷲宮《わしのみや》神社に連日ファンが訪れるようになり、それがテレビのニュースに取り上げられるほどの話題となりました。そこで、訪れる人たちに対して地元商店街と版元のKADOKAWAによる共同イベントが開催されて、鷲宮神社は『らき☆すた』の「聖地」となっていったのです。

二十世紀には神社の要素が色濃いマンガ・アニメは見当たりませんでしたが、本作以降『ぎんぎつね』『かんなぎ』『かみちゅ！』『君の名は。』など、神社を舞台とする作品および神社が物語の重要な要素となる作品が増えていきます。

さて、神社がアニメの舞台およびモチーフに使用されることが増えたのはなぜなのでしょうか。それは、神社が日常に存在する非日常的空間であることや巫女の処女性が好まれていること、そして日本の伝統も表現されていることに加え、公共性も備わっているからでしょう。

作品の舞台となった場所に行くファンが増え、経済波及効果を生み出す例も出てきたことから、全国各地の自治体や商工会は、マンガやアニメを地域振興における有力な武器の一つとして注目するようになりました。

そこで、地域の側から聖地巡礼にやってくるファンを呼び込めるよう積極的に宣伝する作品も登場してきました。そういった作品は「ご当地アニメ」と呼ばれています。

【図12】聖地化した主要神社例

箱根神社	『新世紀エヴァンゲリオン』
鷲宮神社	『らき☆すた』
鼻節神社	『かんなぎ』
秩父神社	『あの日見た花の名前を僕達はまだ知らない。』
神田明神	『ラブライブ!』
白川八幡神社	『ひぐらしのなく頃に』
近江神宮	『ちはやふる』
伏見稲荷大社	『いなり、こんこん、恋いろは。』
出雲大社	『かみちゅ!』
下鴨神社	『有頂天家族』
片瀬諏訪神社	『ピンポン』
須賀神社	『君の名は。』
他多数	

（注：様々なアニメから筆者選出）

また近年、企画段階から聖地巡礼が起こることを視野に入れた作品が増え、さらには作品の舞台となるように地域が誘致する動きも起こっています。こういった経緯で、オタクカルチャーに伝統回帰の波が来ているのです。

外国人観光客に向けた戦略

二〇一九年から、文化庁と北九州市によって「東アジア文化都市2020北九州」という事業が推進されていました。これは日中韓文化大臣会合での合意に基づき、その三ヵ国において文化芸術による発展を目指す都市を選定し、様々な文化芸術イベント等を実施する催しです。日中韓以外にも、東アジアの国々の要人が参加しています。

筆者は、この事業の下で二〇一九年十一月二十九日から十二月一日に開催された「アジアMANGAサミット北九州大会」に、一日だけボランティアスタッフとして参加し、その翌日に開催された「アニメツーリズム首長サミットin北九州」を参観することができました。

同サミットは、自治体の首長直々による「アニメツーリズム」に対する取り組みを発表するイベントで、二〇一九年が初の開催だったのですが、最初に登壇したのが『機動戦士ガンダム』の監督として有名な富野由悠季氏だったことでビックリしました。このイベントを主催しているのが二〇一六年に設立された「一般社団法人アニメツーリズム協会」であり、富野監督が同協会の会長を務めていたというわけです。

同協会の目的は、ウェブサイトによれば八十八ヵ所の「アニメ聖地」を選定し、その観光ルートを官民連携のオールジャパン体制で造成すること、そしてその情報を海外・国内に発信し、クールジャパン観光を促進させることと記されています。

【図13】「ご当地アニメ」作品例

青森県弘前市	『ふらいんぐうぃっち』
埼玉県久喜市	『らき☆すた』
広島県竹原市	『たまゆら』
埼玉県秩父市	『あの日見た花の名前を僕達はまだ知らない。』
長野県小諸市	『あの夏で待ってる』
千葉県鴨川市	『輪廻のラグランジェ』
静岡県下田市	『夏色キセキ』
石川県金沢市湯涌温泉	『花咲くいろは』
岐阜県飛騨市他	『君の名は。』
香川県観音寺市	『結城友奈は勇者である』
四国	『おへんろ。～八十八歩記～』
福岡県北九州市	『BULLBUSTER』
長崎県五島列島	『ばらかもん』
鹿児島県種子島	『ROBOTICS;NOTES』
他多数	

（注：様々なアニメから筆者選出）

現在、「聖地」の数は優に一〇〇〇を超えているとされています。訪日する外国人観光客が激増していることに加えて、日本のオタクカルチャーが海外で人気があることなどから、外国人OTAKUに向けたマンガやアニメの舞台となった「聖地」の情報を伝えることが、オタクビジネス界隈や地方自治体にとっての課題となり、同協会がつくられたとのこと。

同サミットでは、富野監督の挨拶の後、岐阜県飛騨市、鳥取県境港市、秋田県横手市、北九州市の事例が発表されました。飛騨市は、二〇一六年に公開された劇場用アニメ『君の名は。』の舞台となっており、同作の聖地巡礼に対して行政がどのように対応したかなどを、同市の首長が述べ、オタクカルチャーと行政のつながりの重要さが感じられる非常に楽しい内容でした。

マンガ・アニメはもはや日本国内のオタクだけの娯楽ではなく、海外のＯＴＡＫＵや日本全国の地方自治体にとって重要な観光ツールとなっているのです。

オタクカルチャー施設、三つの波

マンガ・アニメの関連施設は現在、全国に八〇以上あるといわれています。前項で取り上げた『訪れてみたい日本のアニメ聖地88』には、八十八ヵ所の「聖地」に加えて、マンガ・アニメ関連の施設やイベント、観光案内所も挙げられています。

これらマンガ・アニメの関連施設の設立にあたっては三つの大きな波が見られます。

一つ目の波は一九九〇年代、「地方の時代」を反映して、マンガ家の出身地の自治体による顕彰施設が設立されました。一九九二年に風刺漫画家、那須良輔を記念した「湯前まんが美術館」が、一九九四年に手塚治虫の偉業を称える「宝塚市立手塚治虫記念館」が、一九九五年に矢口高雄の偉業を記念した「横手市増田まんが美術館」が建てられ、以降も全国で続々と設立されていきました。

二つ目は、二〇〇〇年代に総合的な施設が大都市につくられる波が起こりました。二〇〇三年に「東映アニメーションミュージアム」と、「杉並アニメーションミュージアム」が設立、二〇〇六年に「京都国際マンガミュージアム」が設立されました。また同年には「川崎市民ミュージアム」

がリニューアルしています。

三つ目の波は、再び地方都市にて、地域振興、観光拠点、住民サービスの一環として二〇一〇年代に起こります。二〇一一年に「海洋堂ホビー館四万十」、二〇一三年に設立された「新潟市マ

【図14】主なマンガ・アニメ関連施設

1966年	さいたま市立漫画会館
1978年	現代マンガ図書館
1985年	長谷川町子美術館
1990年	サンリオピューロランド
1991年	ハーモニーランド
1992年	湯前まんが美術館
1993年	水木しげるロード
1994年	宝塚市立手塚治虫記念館
1995年	横手市増田まんが美術館
1996年	香美市立やなせたかし記念館
1997年	広島市まんが図書館
1997年	少女まんが館
1999年	田河水泡・のらくろ館
2000年	石ノ森章太郎ふるさと記念館
2002年	横山隆一記念まんが館
2003年	水木しげる記念館
2003年	東映アニメーションミュージアム
2003年	杉並アニメーションミュージアム
2005年	海洋堂フィギュアミュージアム黒壁
2006年	京都国際マンガミュージアム
2006年	川崎市民ミュージアム
2006年	東京アニメセンターin ＤＮＰプラザ
2007年	おもちゃのまちバンダイミュージアム
2007年	氷見市潮風ギャラリー（藤子不二雄Ａアートコレクション）
2009年	永井豪記念館
2009年	大阪府国際児童文学館
2009年	明治大学米澤嘉博記念図書館
2011年	藤子・Ｆ・不二雄ミュージアム
2011年	海洋堂ホビー館四万十
2012年	北九州市漫画ミュージアム
2012年	ガンダムフロント東京（2017年からガンダムベースへ）
2013年	新潟市マンガの家
2013年	新潟市マンガ・アニメ情報館
2017年	合志マンガミュージアム

（注：筆者作成）

ンガ・アニメ情報館」、二〇一七年に熊本県合志市にできた「合志マンガミュージアム」など、中規模の施設ができていきました。今後も同様の施設の設立が全国各地で予定されています。

アカデミズムに昇華されたマンガ

前項で触れた京都国際マンガミュージアムとは、二〇〇六年に開設された京都精華大学のマンガ学部の研究のために設立されたものでした。遡ること二〇〇一年には「日本マンガ学会」が設立されており、短い期間でマンガ学会、マンガ学部、そしてマンガミュージアムと立て続けに生まれたわけです。

二〇〇八年には東京でも、明治大学にマンガを含めたコンテンツの価値を広く海外に広めるための「国際日本学部」が設立されました。

そして現在、全国各地の短大・大学で約五〇ものマンガやアニメを研究対象とした学科や学部が設けられています。

ところで日本は一九七四年以降、人口を維持するために必要な人口置換水準である合計特殊出生率二・〇八を下回り続けており、二〇一九年は一・四二にまで落ち込んでいます。一九七一～七四年生まれの団塊ジュニア世代は二〇〇万人以上いるのですが、二〇一六年に生まれた子どもの数は一〇〇万人を割り、二〇一九年には八六万人まで減少しています。出生数はおそらく今後も最少を更新し続けていくでしょう。

子どもの人口が減少したことと、近年の大学の乱立によって、国内の大学の多くが経営危機に陥っているのです。そこで大学は、生き残るためにマンガ関連の講座で学生を集めようとしているのでしょうか。

二〇一九年には熊本大学文学部のコミュニケーション情報学科において、新たに「現代文化資源学コース」が開設されたのですが、同コースは国立大学としては初のマンガ研究の講座であり、これはマンガ関係者の間で話題となりました。

もはやマンガは、アカデミズムの対象として研究される時代になっているのです。

世界におけるマンガ・アニメの重要性

本章冒頭で、二〇一三年から訪日外国人が増加し始めたことを述べましたが、外国人の日本に対する好意的評価の土台をつくったのは、オタクカルチャーだったことがわかります。

一九七〇年代から世界中で日本のアニメがテレビ放送され、それを子どもの頃に観ていた人が成長し、ＯＴＡＫＵとして九〇年代にオタクイベントを開催するようになります。

日本のマンガやアニメが外国人に楽しまれているという話は、日本にも伝えられました。

こういった話はオタクの人たちの興味を誘ったのか、九〇年代後半から〇〇年代前半に、これをテーマとする書籍がけっこう多く出版されていました。

スーザン・J・ネイピア『現代日本のアニメ―『AKIRA』から『千と千尋の神隠し』まで』（中央公論新社、二〇〇二年）、草薙聡志『アメリカで日本のアニメは、どう見られてきたか?』（徳間書店、二〇〇三年）、パトリック・マシアス『オタク・イン・USA 愛と誤解のAnime輸入史』（太田出版、二〇〇六年）、堀淵清治『萌えるアメリカ：米国人はいかにしてMANGAを読むようになったか』（日経BP、二〇〇六年）、ローランド・ケルツ『ジャパナメリカ 日本発ポップカルチャー革命』（武田ランダムハウスジャパン、二〇〇七年）、他にも数々の作家や評論家がこのテーマについて書いています。

かつて筆者は、日本は文化面においては欧米と比べると非常に遅れていると思っていて、またアニメについては、大人になっても観続けることは恥ずかしいことだと思っていました。

しかし日本独自の伝統文化やポップカルチャー、マンガやアニメなどのオタクカルチャー、そして国内では蔑視されていたオタクが海外で好意的に評価されていることを知って、驚くと同時に非常に胸のすく思いがしました。

さらには、マンガやアニメのミュージアムが次々と建ち、教育機関で扱われるようになり、お祭りやイベントなど地域おこしに有効活用されるようになっていきました。

オタクカルチャーは、日本のイメージ向上、観光立国化、そして地方創生において大きな資産として高く評価されているのです。

本章にて、日本および海外におけるマンガ・アニメの重要性およびオタクの広がりを俯瞰的に把握してもらいました。

次章から、いよいよ本書のテーマである「右派オタク」について論じていきたいと思います。

第2章 右派とオタクカルチャー

日本愛を高めるオタクカルチャ

前章で、訪日外国人が激増していることや海外で日本のマンガ・アニメが親しまれていること、『らき☆すた』を契機に全国各地に「聖地」が生まれ、マンガやアニメが地方自治体から地域おこしに使えると注目されていること、さらには訪日外国人向けのアニメツーリズムが提言されいることを述べました。

二〇一〇年以降のアニメを見てみますと、『風立ちぬ』（二〇一三年）、『君の名は。』（二〇一六年）、『この世界の片隅に』（二〇一六年）、『鬼滅の刃』（二〇一九年）など、話題作には日本の伝統や近代史を背景にした内容の作品が多いことがわかります。オタクカルチャーに、日本の各地域の郷土文化や歴史が反映されるなどの伝統回帰の波が来ているのです。

『風立ちぬ』は、ゼロ戦を開発した実在の航空技術者が主人公となっており、『この世界の片隅に』は、太平洋戦争中の広島を舞台とし、戦時下の日常の風景や艦船、戦闘機、そして連合国軍による空襲や原爆投下なども描かれています。

マンガやアニメはそもそも、日本という国で日本人クリエイターによって日本人読者・視聴者に向けてつくられています。であれば、日本的色合いが強く、日本人からの視点で語られることは当然と言えます。マンガやアニメはもともと非常に日本愛が強い媒体なのです。

ではなぜ、わざわざマンガやアニメは日本愛が強いということを述べる必要があるのか。これには二つの理由が挙げられます。

まず一つ目の理由は、右派の台頭や日本愛を表明することに対して批判的な立場の人たちが、右派とオタクカルチャーの親和性の高さに注目していること。

例えば、伊藤昌亮『ネット右派の歴史社会学』（青弓社、二〇一九年）では、右派とオタクの両者が結びつく理由として、オタクカルチャーにおける「戦闘サブカルチャー」の存在を挙げています。同書では、日本の戦後民主主義という理念について**〈ごく大まかにいえば先の戦争を全否定するところから出発したものだった。そのためには戦争を絶対悪として捉え、それを賛美したり擁護したりする議論を駆逐していく必要がある〉**とし、**〈ところがその一方で当時のサブカルチャーのなかには、戦争への関心を熱く掻き立てるようないくつかの領域が堂々と存在していた〉**として、その一つとして戦記ものを挙げています。そして、それ以降にテレビ放送された『宇宙戦艦ヤマト』や『機動戦士ガンダム』などにつながっていく系譜を、前述の「戦闘サブカルチャー」と称して、これが右派とオタクカルチャーが結びつく背景にあったとしています。

筆者はこの論説に賛同します。さらに言えば、戦争を絶対悪と捉えるのみの偏狭な日本の戦後民主主義の理念に対して、自由や多様性を求める考え方に立つのが右派でありオタクだったということでしょう。

もう一つの理由は、日本愛とオタクカルチャーは親和性が高いのにもかかわらず、しっかりと論じられていなかったこと。

近年、グローバル時代が到来し、日本に対して好意的な外国人が増えており、訪日外国人が激増していますが、それを推し進めているのがオタクカルチャーの存在です。であれば、今こそ日本愛とオタクカルチャーのあり方を考える必要性があるのではないでしょうか。

この章では、日本人の祖国愛とオタクカルチャー、そして右派のスタンスに立つオタクの人たちの関係について紐解いてみたいと思います。

叩かれる戦闘サブカルチャー

右派の台頭や日本愛を表明することに対して批判的な立場の人たちは、右派とオタクカルチャーの親和性の高さの要因として「戦闘サブカルチャー」の存在を挙げていますが、その概要を考えてみましょう。

オタクの趣味の一つに、玩具やプラモデルがあります。どちらも、「おたく」という言葉の誕生よりもずっと前からマンガやアニメと密接な関係にありました。

プラモデルの花形といえば、黎明期から戦車や戦艦、戦闘機などのミリタリーモデルでした。一九六〇年代のマンガでは戦記ものが大流行し、その時代を生きたオタクの人たちはミリタリーの洗礼を受けています。

オタクの花形とも言えるミリタリーモデルや戦記ものは、反戦原理主義者や憲法9条原理主義者にとっては天敵とも言える娯楽です。

近年は、萌え要素とミリタリー要素を掛け合わせた「萌えミリ」というジャンルが活況を呈しており、育成シミュレーションゲーム『艦隊これくしょん―艦これ―』や、メディアミックス作品『ガールズ&パンツァー』、テレビアニメ『荒野のコトブキ飛行隊』、戦艦同士の艦隊決戦を楽しめるゲーム『World of Warships』など数多くの萌えミリ作品が人気を博しています。

この萌えミリによってミリタリーモデルのシーンも活性化し、萌え絵のデカールを貼りつけた「痛戦闘機」のような模型が模型雑誌に毎号のように掲載されています。

ところでこの戦記ものは、オタクだけのものではなく、実写映画でも多数存在し、また世界中でつくられています。一般ジャンルの一つでもあるのです。

ではなぜ、オタクカルチャーにおける戦記ものが槍玉に挙げられるのか。それは、オタク気質のある人がこういった軍用兵器や戦記ものにハマると、過去の歴史にも興味を持つようになるからでしょう。一般大衆は、オタクのように深く掘り下げたりはしません。

このことは、反戦原理主義者や旧日本軍を絶対悪としたい人にとって非常に都合が悪いのです。何しろ、多様性ある歴史観を持つことになってしまい、頭ごなしで一方的な言い分が通用しなくなってしまうのですから。

オタク気質を持つ人を騙すことは非常に難しく、だからこそオタクは左派と相性が非常に悪いのでしょう。

スポーツマンガと右派

オタクカルチャーのなかには、左派や反日の人たちにとって都合の悪いジャンルが他にも多く存在します。

まずはスポーツもの。マンガやアニメではスポーツものの人気が高いのですが、例えば『キャプテン翼』（高橋陽一、集英社）や『俺たちのフィールド』（村枝賢一、小学館）の主人公は日本人であり、日本のチームに属しています。であれば、国際試合においては日本代表を中心として語られ、他国チームは敵・ライバルチームという構造の物語になるでしょう。これは日本を敵視している人たちにとっては虫酸が走るほどに嫌なことです。

二〇〇二年に日韓共催W杯（ワールドカップ）が開催されましたが、その直後、『ぷちナショナリズム症候群―若者たちのニッポン主義』（香山リカ、中央公論新社）という新書が出版されました。本書は、サッカーの国際試合で観客が「日の丸ペインティング」をして自国チームを応援したり、イベントでアイドルが「君が代」を歌ったりすることを「ぷちナショナリズム」と称して、問題提起する内容です。

筆者は、日本人が日本チームを応援することに何も問題を感じません。もしも問題とするならば、他国における自国チームの応援についても同様に問題の俎上《そじょう》に載せられなければならないでしょう。韓国の暴走するナショナリズムは、当時でもかなり深刻な問題として論じられていました。しかしこの新書では、他の国については一切触れられていません。問題提起されているのは穏やかで品行方正な日本の「ぷちナショナリズム」だけです。

スポーツものには、大相撲や柔道、剣道などの国技を扱った作品も少なくありませんが、日本を嫌いながら国技を観覧する人はいないでしょう。スポーツものというジャンルは、実写映画やドラマなどで取り上げられる機会は多くなく、マンガやアニメの花形ジャンルと言えます。このことから、右派とオタクの結びつきが強く出るのかもしれません。

余談となりますが、日本を嫌う人たちはテレビや新聞でのスポーツニュースも嫌いなのでしょう。現在は国際試合の報道が多くなっていますから、日本を応援するスタンスの報道には虫酸が走っているはずです。

歴史ジャンルは反日の鬼門

1章で聖地巡礼について述べましたが、聖地となった地域に行くと、萌え（美少女）系イラストのポスターが目立つことに気づきます。現在、地方自治体や公的団体、企業などにおいて、オタクカルチャーで地域のPRやイベントに取り組む「萌えおこし」の動きが盛んになっています。また、萌え系イラストは、自衛官の勧誘ポスターや鉄道などにも用いられています。

「萌え」のユーザーは主にオタクの男性ですが、オタクの女性にとっての萌えの対象となっているのが戦国武将でしょうか。二〇〇〇年代以降、日本の歴史に興味を持つ女性が注目され、彼女らを「歴女」と称するようになりました。歴女と呼ばれる女性は、オタクが行っている聖地巡礼のように歴史的観光地を訪れたり、武将を萌えの対象とする「武将萌え」を楽しんだりしています。

ここ十年で、日本全国の観光地で、この武将萌えの歴女を対象として、イケメンが歴史上の武将に扮してPR活動を行う「おもてなし武将隊」がすっかり激増しました。

さて、こういった歴史ものというジャンルにおいても、日本の歴史が好意的に評価され、経済活性化にも役立っていることから、左派や反日の人たちにとっては非常に都合の悪いジャンルと言えます。

歴史ものというジャンルは、戦記ものと同様に、世界中で多数の実写の映画やドラマがつくられています。日本でつくられる場合は、やはり日本の歴史にスポットが当てられやすく、日本固有の風俗・文化が反映されることになります。

そして歴史ものには、時代劇や妖怪もの、忍者ものなどジャンル内ジャンルが存在しており、終戦後の貸本・赤本が華やかだった時代、これらを題材として描かれたマンガが人気を博しました。こういった作品からは日本の歴史の重さを感じるばかりで、日本を叩きたい人たちにとっては目を背けるしかありません。

近代史を扱った作品ですと、日本を「加害者」として責める切り口もあります。しかし近年は歴史認識が多様化しており、昭和時代の日本を悪とする歴史観がすっかり過去のものとなってしまいました。それに伴って、そういった加害者としての切り口も古びてしまっています。

日本の伝統や軍事要素が内包されていたマンガの黎明期

ここからは、日本愛とオタクカルチャーがどのように発展していったのかを振り返ってみたいと思います。

オタクカルチャーの「右傾化」は、二〇〇〇年代以降に限ったことではありません。戦後の黎明期を振り返ってみますと、六〇年代までのマンガのトレンドは、時代劇、妖怪、忍者、戦記ものなどでした。いずれも日本の伝統を扱っていたり、戦記ものにおいては旧日本軍を肯定的に扱ったり、日本軍兵士に同情的なスタンスで描かれています。

黎明期のマンガの一つに、横山光輝『鉄人28号』があります。同作は、一九五六年から月刊誌『少年』で連載が開始され、一九五九年にラジオドラマが、一九六〇年に実写テレビドラマが、そして一九六三年にテレビアニメ第一作目が放送されています。主役ロボットの鉄人28号とは、太平洋戦争末期に日本軍が秘密兵器として開発していた巨大軍用ロボットです。まだ「自虐史観」がはびこる以前の作品だからなのか、日本軍を悪と規定していません。

一九六〇年代になると、第二次世界大戦をモチーフにした戦記マンガがブームになりました。『ゼロ戦レッド』(貝塚ひろし、秋田書店)、『大空のちかい』(久里一平、小学館)、『紫電改のタカ』(ちばてつや、講談社)、『0戦はやと』(辻なおき、少年画報社)など、基本的には主人公が零戦(零式艦上戦闘機)に乗って戦闘するというストーリーです。

この頃の少年マンガ雑誌には、戦記マンガの他に、旧日本軍の陸海軍軍服に、日本軍の戦車、戦艦、戦闘機などが活躍するグラビア、ミリタリーのプラモデルの広告などが掲載されていました。

一九五八年に、日本初のプラモデル「原子力潜水艦ノーチラス」(マルサン)が発売されて以降、ミリタリーもののスケールモデルが続々と発売されていきました。

筆者は幼少時から、テレビ特撮ドラマ『秘密戦隊ゴレンジャー』や、テレビアニメ『科学忍者隊ガッチャマン』を格好良いと思って観ており、玩具も親から買ってもらっていましたが、六〇年代の子どもたちにとっては、その対象が戦記もののマンガやミリタリーモデルだったのでしょう。

太平洋戦争が終わった後、在日朝鮮人は「先勝国民」と称して日本全国で暴れましたが、彼らはその際、旧日本軍の飛行服を好んで身につけていました。旧日本軍の軍服は、彼らにとっても格好良かったのでしょう。

さて、戦記ものを描いていたマンガ家の一人に、『銀河鉄道999』や『宇宙海賊キャプテンハーロック』などの著者、松本零士氏がいました。松本氏の代表作の一つである第二次世界大戦を題材にした短編集『戦場まんがシリーズ』は、日本軍やドイツ軍の兵士が主役のエピソードが異様に多く、戦場における男の姿が非常にセンチメンタルに描かれています。

スポ根マンガに内包される旧日本軍精神

右派マンガの系譜では、「スポーツ根性マンガ（スポ根マンガ）」というジャンルは非常に重要です。スポ根マンガの原点は、『週刊少年マガジン』（講談社）にて、一九六六年から連載開始された『巨人の星』（原作：梶原一騎、作画：川崎のぼる）とされていますが、まずは、格闘・スポーツマンガの来歴から紹介したいと思います。

一九五二年、「サンフランシスコ平和条約」締結によって日本は主権回復し、「連合国軍最高司令官総司令部（GHQ）」によって禁止されていた柔剣道や時代劇を扱った作品が解禁されます。同年、解禁第一号とされる柔道マンガ『イガグリくん』（福井英一）が月刊マンガ誌『冒険王』（秋田書店）にて連載され、大ヒット。本作を皮切りに他誌でも同ジャンル作品が続々と連載開始され、ここに格闘・スポーツマンガの土台が形成されました。

この『イガグリくん』をベースに、野球マンガ『くりくり投手』（貝塚ひろし）が派生し、『ちかいの魔球』（原作：福本和也、作画：ちばてつや）や『黒い秘密兵器』（原作：福本和也、作画：一峰大二）を経て、『巨人の星』へと結実していきます。

この『巨人の星』は、戦前の日本人を非常に美しいものとして描いています。イギリスに留学して英国貴族趣味に染まった花形満は、帰国後、日本のことを「けいべつにあたいする三等国」と嘆きます。そこで彼は野球チームを結成し、スポーツカーに乗りながら草野球荒らしをするのですが、そのときに星飛雄馬と出会います。ここで彼は飛雄馬について、以下のように評価するのです。

〈「これほど骨のズイまで日本的なチビはいなかった。しかし、かれのは失われてゆく日本の美！　こよなき美学だった！　日本中あげてふわふわ骨なし草のように欧米かぶれしつつある風潮にさからい、父上とともに古きよき日本をがんこに死守するすがただった！」〉

花形はその後、心を入れ替えて、野球道に邁進するのでした。

あの頃の日本社会には、欧米を格好良いとする価値観があり、また教育現場では武士道や自己犠牲といった日本的な精神は忌み嫌われる傾向がありました。だからこそ、その価値観に抗《あらが》って日本的な精神を尊ぶことがエンターテイメントとして成り立つのでしょう。

とはいえ、本作の題材である「野球」はアメリカのスポーツであり、主人公が投げる魔球の名称は「大リーグボール」です。いくら日本的な精神を描こうとも、その土台にはアメリカが鎮座しているという矛盾もあります。このあたりについて梶原一騎氏はどのように考えていたのかと疑問に思っていたところ、梶原氏が原作を手がけている他のマンガ（『おとこ道』）で「和魂洋才」と書かれており、なるほどなと腑に落ちた次第です。

本作以降、スポ根マンガは一時代を築きました。スポ根マンガにおいては、根性を出せば合理性に勝利することができるという物語がテンプレになっています。本ジャンルにおける「根性至上主義」は、太平洋戦争における旧日本軍精神と同質のものです。ここには理屈も何もありません。まるでマンガです。いや、実際にマンガなのですから何も問題ありません。この頃のマンガは大雑把で勢い重視でした。

戦後の高度経済成長を支えたのは、この精神だったのではないでしょうか。戦後の日本人は、スポ根マンガによって根性や努力の尊さを学んだのです。

後述しますが、この時期の日本人は「根性至上主義」の他にも自虐的な「東京裁判史観」という偏向した歴史観も植えつけられていました。

しかし、こういった昭和時代のいい加減な精神論（「根性至上主義」）や偏向した歴史観（「東京裁判史観」）は、社会の成熟に伴って是正されていくことになっていきます。

『巨人の星』と同じく『週刊少年マガジン』で連載されたテニスマンガ『ベイビーステップ』（勝

●スポーツが絡んだ左右の対立軸

	左派		右派
対立項目	戦後民主主義	⟷	マンガ・アニメ
	欧米至上主義	⟷	古き良き日本を支持
	学校教育（日本的精神否定）	⟷	根性至上主義
	「東京裁判史観」	⟷	「自由主義史観」
	左派のスタンスはすべて衰退		右派のスタンスは根性至上主義のみ衰退 他は発展 or 復興

木光、二〇〇七〜二〇一七年）では、努力するにあたって、その努力がいかにスポーツ学問として裏づけされた論理に基づくものなのかということが重視されています。主人公が試合で戦う際、タイム中にひたすらノートにメモ書きをして、テニス学としての勝利方法を見出して勝利するという物語になっています。情報社会に生きている現在のマンガ読者は、努力や根性の必要性は認めつつも、理屈の裏づけのないそれらの押しつけには踊らされなくなっているのです。

　後者の歴史観も同様で、昭和時代の偏向した「東京裁判史観」を廃し、自由で多様な歴史観をもって歴史事実に接近していく考えが支持されるようになりました。こちらも、現在の一般市民は情報社会に生きているため、偏った歴史観には騙されなくなっています。

テレビアニメが公平性を暴く

マンガには、戦記ものや旧日本軍的なイデオロギーを内包した作品は少なくありませんが、アニメのほうも負けていません。アニメは子ども向けの娯楽としてつくられていましたが、マンガとは違った切り口で「戦争」が表現され、中立的、俯瞰した視点で描くことによって、戦争を絶対悪として捉える日本の戦後民主主義の理念に対して疑問を呈し、それなりの言い分があったのではないかということを匂わせていました。

日本初のテレビアニメは、一九六三年から放送開始された『鉄腕アトム』です。悪い奴をやっつけるアトムの格好良さに痺れた子どもたちは、その多くが親からアトムグッズを買ってもらったことでしょう。本作は、テレビアニメのマーチャンダイズの道すじをつけた作品でした。

テレビアニメは、男児向けには格好良く、女児向けには可愛いキャラクターを主役に据えた三十分の商品コマーシャルとして発展していきました。製作費を出すスポンサーにとっては、キャラクターグッズで利益が上がればよいわけです。

そのキャラクターグッズとの親和性が高いアニメと言えば、やはりロボットものでしょう。一九七二年にテレビアニメ『マジンガーZ』が放送開始され、主役ロボット「マジンガーZ」の超合金が大ヒットします。本作の商業的成功から、様々なロボットアニメが多数制作されていきます。最初は腕をバネで飛ばすだけだったロボット玩具は、合体や変形、磁石でくっつくなど、様々なアイデアやギミックが生み出されて発展していきました。

テレビ放送されていたアニメや特撮はあくまでも児童向けでしたが、一九七四年、ティーンエイジの視聴者に熱く支持されることになるテレビアニメ『宇宙戦艦ヤマト』の放送が始まります。本作には企画途中から先述の松本零士氏も参加しています。

作品タイトルにもなっている「ヤマト」とは、一九四五年、連合国軍の猛攻撃により戦没した戦艦大和の残骸をベースに艤《ぎ》装、改造された宇宙戦艦でした。そして、ヤマトおよびその乗組員に課せられた使命は「イスカンダル」に行って地球を覆っている放射線を除去する「コスモクリーナー」を受け取ることでした。その旅の途中で敵勢力「ガミラス帝国」が待ち受けており、やむなく交戦するのですが、視聴者である子どもたちは、そのヤマトの活躍シーンを楽しんだわけです。

本作の戦闘シーンは現実の海戦をモチーフとする回もあり、戦闘機による空中戦や急降下爆撃、雷撃までが描写されていました。

『宇宙戦艦ヤマト』という作品は、太平洋戦争末期に無念のうちに沖縄近海に沈んだ戦艦大和の活躍を描くという意図もありました。乗組員はすべて日本人で、名前を呼ぶときは旧日本軍と同じく、基本的には苗字の呼び捨てです。放送当時は「軍国主義の賛美」とする批判もあったようです。

敵であるガミラス帝国が地球を攻撃するのは、ガミラス星が惑星としての寿命が近づいており、新たな移住先として地球が候補に挙がったからという理由がありました。ガミラス側の都合だけで地球を攻撃することはあまりにも身勝手な話ですが、理由としては成り立っています。

劇中で敵勢力の軍事裁判のシーンが描かれるのですが、これは敵も法に則って戦う人間ということを描写しています。ここで敵将「ドメル司令官」が、被告人席で失敗を責め立てられ、死刑を宣告されます。それまでのSFアニメではこういった手順を踏んでの処罰はなく、失敗した者は殺されて終わりでした。しかしその敵将は、国家最高責任者「デスラー」から汚名返上の機会を与えられ、ヤマトと戦うことになります。ドメル司令官率いる機動艦隊とヤマトの決戦は、ドメル司令官の自爆による戦死で勝負が決するのですが、ドメル司令官もまた祖国のために戦っており、沖田艦長とドメル司令官はお互いに認め合うのです。

本作は、敵にも戦う理由があり、また法に則って戦う人間であり、戦争を俯瞰して両陣営の立場を考えることができるという意味において、教育的に優れた物語と言えます。しかし、戦争および旧日本軍を絶対悪と捉える日本の戦後民主主義の理念を信奉する人たちにとって、戦争には敵(つまり日本)にも言い分があるという本作の内容は、子どもの教育上、非常によろしくないと考えていたのではないでしょうか。

本作は裏番組が『アルプスの少女ハイジ』だったこともあって、視聴率は振るいませんでした。しかし、翌年に全国各地で再放送され人気が高まり、多数のファンクラブが結成され、またアニメファンに向けたアニメ雑誌が次々に創刊していくなど、アニメブームの火つけ役となりました。

一九七七年、テレビ放送版を再編集した劇場用アニメ『宇宙戦艦ヤマト』が公開され、同年の日本映画で九位の興行成績を記録しました。この商業的成功を受けて、完全新作のオリジナル劇場版アニメ『さらば宇宙戦艦ヤマト 愛の戦士たち』が一九七八年に公開され、同作の主題歌を任されたのが人気歌手の沢田研二氏でした。子ども向けだったアニメソングが歌謡曲と結びついたのです。一九七九年には劇場用アニメ『銀河鉄道999（The Galaxy Express 999）』が公開され、この年の日本映画の興行成績第一位を記録しています。こちらの主題歌も、人気グループのゴダイゴが担当しています。

日本の映画界は『宇宙戦艦ヤマト』と『銀河鉄道999』の二作によってアニメを無視できなくなりました。かつてアニメは「テレビまんが」と呼ばれ、子どもが観るものとされていましたが、この頃から「アニメ」と言われるようになり、ティーン向けのアニメが増えていくことになり、それらに熱狂した彼らは後に「オタク」と呼ばれるようになります。

多様性を内包したロボットアニメ

一九七九年に放送されたテレビアニメ『機動戦士ガンダム』では、さらに人間と人間の戦争という構図が強化されました。敵味方とも、軍隊における階級が設定され、名前が呼ばれる際は中尉や大佐などの階級込みでした。当時小学生だった筆者は、本作で階級名を知った次第です。またロボットが「モビルスーツ（ＭＳ）」と称され、敵味方とも量産機の兵器として扱われていたのです。主役級キャラはワンオフ機（専用機）でしたが。

この作品をきっかけにミリタリーオタクとなった読者もいるのではないでしょうか。

本作を起点として、リアルロボット（リアルロボ）アニメのムーブメントが勃発し、ロボットアニメは、ヒーロー然としたスーパーロボット（スパロボ）アニメと、主人公が成長していくリアルロボアニメ、二つの系譜にわけられるようになりました。

前者のスパロボアニメは、アメリカの『スーパーマン』のようなアメコミ的な勧善懲悪物語仕立てで、後者のリアルロボアニメは、『巨人の星』のような日本のスポ根マンガにおける成長物語仕立てでした。その起点となった『ガンダム』は、主人公「アムロ・レイ」の声優が星飛雄馬と同じ古谷徹氏で、主人公に相対する花形満とシャア・アズナブルの立ち位置も非常に似通っています。監督の富野由悠季氏は、『巨人の星』の線を狙っていたのかもしれません。

リアルロボアニメは、『ガンダム』放送の翌年（一九八〇年）から同作のプラモデルが爆発的に売れる「ガンプラ」ブームが到来。続いて『太陽の牙ダグラム』（一九八一年）、『戦闘メカ ザブングル』（一九八二年）、『超時空要塞マクロス』（一九八二年）、『装甲騎兵ボトムズ』（一九八三年）の他、様々なリアルロボアニメが放送され、プラモデルが発売されていきます。

モデラーはジオラマをつくったり、汚れや風化を表すウエザリングを施したりなど、アニメプラモの世界にミリタリー模型の手法を持ち込むことにより、子どもの一部はミリタリーの道に染まっていったのでした。

そのなかでも『マクロス』には、より本格的なミリタリーテイストが入っていました。主役機として登場する可変戦闘機「VF―1バルキリー」のデザインのモチーフは、実在の戦闘機「F―14トムキャット」です。そしてアニメーター板野一郎氏が描く超高速戦闘アクション「板野サーカス」が、戦闘シーンを好むアニメファンに支持されます。この「板野サーカス」というネーミングは、大日本帝国海軍のパイロット＝源田実による機編隊のアクロバット飛行「源田サーカス」にちなんだものです。源田実は海軍兵学校五二期卒業の海軍軍人で、戦後の自衛隊では第三代航空幕僚長を務め、航空自衛隊の育ての親として著名な人物です。

これらのリアルロボアニメは、その多くが実在の戦争や闘争などの出来事をモチーフとしています。『ガンダム』は第二次世界大戦、『ダグラム』は六〇年代の安保闘争、『ボトムズ』はベトナム戦争、『蒼き流星SPTレイズナー』は第一部が米ソ冷戦、第二部はレジスタンス運動といった題材が色濃く染み出ています。『機動戦士Zガンダム』（一九八五年）は幕末日本でしょうか。

筆者が当時ハマって観ていたテレビアニメ『銀河漂流バイファム』（一九八三年）には、戦争の悲劇要素が多く盛り込まれています。本作は、開拓の星「クレアド星」から地球へと帰還する引揚げ船に乗った子どもたちの物語なのですが、これは太平洋戦争終結後に起こった大陸や朝鮮からの引揚げの歴史がモチーフとなっています。子どもたちのなかには中国残留孤児や戦災孤児をモチーフにしたキャラや、さらにはアメリカで差別を受けながらも米軍の一員として戦った日系

二、三世がモチーフとなっているキャラが主人公のライバルとして登場し、悲劇的に描かれています。

本作は、筆者が自身をオタクと認識して観ることになった最初のアニメでした。実在の歴史を知ったうえでリアルロボアニメを観ると、非常に味わい深く楽しめます。

一九八五年、前述の『超時空要塞マクロス』および『機甲創世記モスピーダ』（一九八三年）の後継作品としてOVA『メガゾーン23』がリリースされました。主人公「矢作省吾」は、東京・渋谷を舞台にバイクをかっ飛ばすことに情熱を燃やす十六歳の少年です。一九八五年の日本が「一番良いとき」として青春を謳歌していたある日、バイク仲間から「ガーランド」という大型のバイクを渡されます。ところがこのバイクが軍用兵器だったことで、主人公は軍から追われる立場になってしまいます。

そして物語の中盤、戦闘の最中でなぜか宇宙に飛び出してしまいます。本作で描かれている一九八五年の東京とは、実は宇宙船のなかだったのです。主人公はライバルキャラの軍人「B・D・」からそのことを知らされ、さらにその船内に住む自分たちが「バハムート」という巨大コンピュータに支配されていることも伝えられます。

アニメのなかでは語られていませんが、本作の小説版ではこの重要なシーンの舞台が九段坂であることが記されています。九段坂とは靖国神社の所在地です。つまりこのシーンは、靖国を神聖視する右翼思想を持つ軍人の視点では、「日本の平和はウソで塗り固められた偽りのものであり、日本国民に本当のことが伝えられていない」ということを暗に語っているわけなのです。

現実の日本社会においても、終戦後、GHQによってつくられた日本国憲法には自衛隊の存在が明記されていません。今でこそ「日本には平和憲法があるから戦争が起こらなかった」という言い分が「ウソで塗り固められた偽りのもの」であることや、冷戦が終結し、平成時代の三十年の間に歴史認識の大転換が起こったことで、「東京裁判史観」と称される偏向した自虐史観に騙され「日本国民に本当のことが伝えられていない」ことが明確化していますが、本作は一九八五年の時点でこれを示唆していたのです。

その後、ライバルキャラの軍人はクーデターを起こして日本の首相を拉致し（このシーンは「二・二六事件」や「五・一五事件」をモチーフにしています）、来たるべき外敵（敵宇宙船「デザルグ」）との戦争に備えて徴兵を進めるのですが、これも戦前日本を示唆しています。

八〇年代までのマンガや、オタクに支持されたアニメ作品には、作り手が旧日本軍精神および実在の戦争や闘争のエッセンスを盛り込んでいることが少なくありませんでした。当時の子どもたちは、これらのマンガやアニメによって、学校で教えられていた偏った歴史観とは異にする多様な視点が与えられ、そこからも多様性を学んでいたわけです。

右派オタクの源泉

筆者と同年代である団塊ジュニア世代は、一九七二年から始まるスパロボアニメと一九七九年から始まるリアルロボアニメ、その両方を直撃しています。筆者はそのどちらも視聴し、また親から玩具を買ってもらい、物心ついた頃にはお小遣いでプラモデルも買っていました。直撃世代は、中高年になっても玩具やプラモデルを買い続けている者も少なくありません。

また筆者は、一九七九年から放送開始された『ドラえもん』を契機に、藤子不二雄マンガのコレクターとなり、趣味の重心がスパロボアニメよりもマンガに移行しました。筆者がマンガ家になってしまったのは、この流れからです。

リアルロボアニメと藤子マンガは、団塊ジュニア世代にとっての二大巨頭です。現在の児童向け雑誌の代表格といえば『月刊コロコロコミック』(小学館)ですが、八〇年代は『月刊コミックボンボン』(講談社)というライバル誌があり、両誌は熾烈な争いを繰り広げていました。

この二誌は、同じ児童向け雑誌といえど、棲み分けがありました。『コロコロコミック』は、藤子不二雄の『ドラえもん』がたくさん読める総集編として創刊したことから、マンガが面白いことが長所です。対して『コミックボンボン』は、テレビ放送されているロボットアニメのコミカライズ連載や、ガンプラのマンガおよび情報が満載でした。

つまり当時の子どもたちは、マンガ派は『コロコロコミック』を、アニメ(プラモ含む)派は

『コミックボンボン』を選択していたと言っていいでしょう。

筆者は、藤子不二雄擁する『コロコロコミック』派でした。しかし小学校を卒業するにあたって、『コロコロコミック』を卒業します。ここで多くの子どもは藤子マンガも卒業するのでしょうが、筆者は読み続けていくことになります。藤子マンガは大人向け作品も数多くあり、筆者は小学生の頃から当時住んでいた町の古書店巡りをやっている藤子マンガコレクターでした。

結果論なのですが、『コロコロコミック』には、二〇〇〇年代の「右傾化」や嫌韓の種が垣間見えます。

筆者が『コロコロコミック』を卒業後、後に旧日本軍を賞賛する内容の『新・ゴーマニズム宣言SPECIAL 戦争論』を執筆した小林よしのり氏が『おぼっちゃまくん』を連載し人気を博しますが、これが〇〇年代の右派サブカル／オタクの伏線として機能することになります。

また『コロコロコミック』が、子ども文化をリードする雑誌となっているのは、ゲーム、ラジコン、チョロQ、ファミコン、ミニ四駆、ベイブレードといった子どもが好む娯楽をコミカライズするという手法がとられていることによるものですが、このフォーマットを生んだ作品が、すがやみつる氏の『ゲームセンターあらし』でした。『あらし』のキャラクターは、『こんにちはマイコン』（小学館、一九八二年）というベストセラー書籍にも登場しています。

また〇〇年代、出版において右派市場をリードした代表格として挙げられているのが西村幸祐氏です。右派市場参入以前の西村氏は、F1やサッカーのジャーナリストで、F1では『週刊少年ジャンプ』で『Fの閃光』(集英社、一九九一年)というマンガの原作を手がけています。西村氏はパソコン通信時代からインターネットに触れており、彼のF1やパソ通の師となるのが、すがや氏なのです。筆者は、すがや氏に対する恩を西村氏から何度も聞いています。

余談ですが、『ケロロ軍曹』(角川書店)でおなじみの吉崎観音氏による『アーケードゲーマーふぶき』(エンターブレイン、二〇〇二年)という『ゲームセンターあらし』の公認オマージュマンガがありますが、筆者に先述の『メガゾーン23』と『蒼き流星SPTレイズナー』をリアルタイム時に教えてくれたのが吉崎氏でした。筆者も彼に『キャプテン翼』や藤子マンガなどを貸したり、アニメのサントラをダビングしたテープをあげるなど、彼とはオタクな交流をしていました。筆者同様、吉崎氏も藤子信者であり、『コロコロコミック』読者であり、ロボットアニメ視聴者でした。

中学生の頃、周りは『週刊少年ジャンプ』(集英社)を読んでおり、筆者ももちろん読者の一人でした。それ以外に、アニメを嗜むオタクグループもあり、そちらにも属していました。他にファミコン/ゲーセングループが多数あり、この勢力が最も大きく、ゲームセンターにつき合わされることが筆者にとっては苦痛でした。

当時、『ジャンプ』とゲームは一般向けの娯楽で、アニメ(プラモ含む)は、「まだジャリ向け娯楽を卒業していない子ども」、または今でいうところの「キモオタ」として、避けられる傾向があったように思います。

しかし、過去を振り返ってみての疑問なのですが、果たして当時のオタクでない一般の同級生らに、「アニオタ」をキモいとする価値観はあったのでしょうか。アニメ系雑誌にあった自虐的な空気を知っていたことから「キモオタ」と思われていると勝手に思い込んでいただけであって、周囲の同級生らはそんな価値観を持ち得ず、ただ「まだジャリ向け娯楽を卒業していない子ども」と見られていただけなのかもしれません。

ともあれ、ゲーム方面に進んでいった人たちは、パソコンやインターネットにも早いうちから触れているのではないでしょうか。

この頃、『銀河漂流バイファム』『風の谷のナウシカ』『機動戦士Zガンダム』など、当時流行ったアニメのサントラレコードの貸し借りが流行っていました。筆者はロボットアニメの主題歌のようなメロディックでアップテンポの楽曲を求め、その結果たどり着いたのが日本のヘヴィメタルでした。

このヘヴィメタルは、アニメの海外進出や、外国人OTAKUを獲得するにあたって非常に大きな貢献を果たすことになるのですが、この件については後述したいと思います。

左派マンガの系譜

ここまで右派マンガ・アニメの系譜を述べてきましたが、実際のところ、ほとんどの子どもたちはあまり深く考えずにマンガを読み、アニメを観ていたでしょう。もちろん筆者もその一人。子どもたちがマンガ・アニメをみていた理由はたった一つ、面白かったからです。

前項までに挙げたマンガ・アニメの面白さとは、キャラや戦艦、ロボットおよびその戦闘シーンが格好良いということに尽きます。国や家族、弱者を守るため、正義のために戦うことは格好良いわけです。そして国や家族、弱者、正義の側に右派のスタンスがありました。リアルロボアニメにはそれに加えて、敵にも言い分があるという多様性も含まれていました。

では、左派マンガ・アニメは存在しなかったのかというと、そんなことはありません。左派イデオロギーの濃いマンガ・アニメを見てみましょう。

一九六〇年代前半に戦記ものマンガが流行ったことはすでに述べましたが、六〇年代後半頃から反体制マンガも登場します。この時代、反体制運動が盛り上がり、その空気がマンガにも反映されたのでしょう。反体制とは、左派、反国家（反日）、労働者のことで、体制側が右派、国家、資本家とされます。

一九七〇年代前半に起こった「あさま山荘事件」と「山岳ベース事件」によって反体制は敗北し、学生運動に参加した人たちは、そのほとんどが日常に帰っていきました。

ところが活動を続けたい生き残りの左派の人たちは、反日イデオロギーを強めていくことになります。その際に、民族や被差別地区など「差別」が絡む問題に手を染め、また旧日本軍の蛮行を掘り起こすなどして反日史観を構築していくことになります。これが現在の左派の思想的土台となっています。

拙著『革命の地図』(イースト・プレス、二〇一六年)執筆の際に集めた資料のなかに「三里塚闘争(成田空港問題)」を描いた尾瀬あきらの『ぼくの村の話』(講談社、一九九二年)というマンガがありました。本作は地域住民VS国家権力の対立構造で、主人公は地域住民の一人なのですが、史実では地域住民が新左翼と合流し、主人公側勢力はテロやリンチ、殺人事件まで起こしています。しかし本作ではそういった自陣営の暴力的な犯罪の実態を描いておらず、著者や新左翼にとっての勧善懲悪物語となっているのです。

左派マンガの代表格といえば、一九六四年から『ガロ』(青林堂)で連載開始された『カムイ伝』(白土三平)でしょうか。現在の青林堂は経営者が代わって極右出版社になっていますが、かつては非常に左派の傾向が強い版元でした。とはいえ、戦後間もない六〇年代は戦前世代への反発から、若者は左翼であることが当然とされていた時代です。

本作は、江戸時代初期を舞台にした歴史ものです。被差別部落出身のカムイ(双子)が主人公なのですが、百姓の正助が中心となって描かれます。正助は共産主義的思想に目覚め、「日置藩(架空の藩)」による搾取や圧政に対して、百姓を率いて豊かな生活を実現させるべく闘争を続けるという物語です。今の視点で見ると、あまりの左翼思想の臭気にむせてしまいますが、五十年前の空気を知るには格好の作品と言えます。

次に、一九七三年から『週刊少年ジャンプ』で連載開始された『はだしのゲン』(中沢啓治、一九七三年）が挙げられます。作者の中沢啓治氏は、連合国軍による広島市への原子爆弾投下によって被爆した体験を元に、戦争を題材とした作品を数多く発表しています。本作は、子どもにとっては面白くなかったのでしょう。人気があったとは言えず、自社レーベル「ジャンプ・コミックス」としての単行本化も行われることなく、他社でまとめられました。

中沢氏は戦争を行った日米どちらも批判する立ち位置ですが、昭和天皇の戦争責任言及や「君が代」批判など、左翼政治思想を帯びた日本批判が目立ちました。

七〇年代に日本軍を悪とする左派のテンプレ歴史観が完成したのですが、中沢氏の『ユーカリの木の下で』（ポプラ社、一九七七年）というマンガではそれがストレートに描かれています。筆者所有の同書は教育マンガとしての装丁なのですが、日本軍兵士を極端に醜く描くというヘイト過ぎる内容で、出征した日本兵が浮かばれません。これを子どもに読ませるのは抵抗があります。

筆者の祖父（故人）は太平洋戦争を戦った軍人で、昭和天皇を崇拝していました。戦友会のような集まりがあったようで、祖父は九州在住にもかかわらず毎年八月になると靖国神社まで行っていたようです。筆者は子どもの頃、太平洋戦争において日本だけが悪であり、天皇崇拝についてはバカバカしいと考えていました。だから日本軍兵士として戦争に赴いた祖父に対して、冷たい態度を取ったこともあったかもしれません。子どもだったとはいえ、非常に恥ずかしく苦い過去であり、今も祖父に対して申し訳ないという悔いが残っています。

とはいえ、こういったテンプレ自虐史観を批判するつもりはありません。問題は、その真逆からの視点が封じ込められていたこと、歴史観において多様性が見られなかったことなのです。残念ながら、子ども時代が七〇～八〇年代だった筆者には、こういった自虐史観のカウンターとなる日本側の言い分は耳に入ってきませんでした。

反日マンガの重鎮

さて、反体制・反日マンガ界隈を代表する作家といえば雁屋哲氏でしょう。グルメマンガの金字塔『美味しんぼ』（作画：花咲アキラ、小学館）の原作者で、筋金入りの反日イデオロギーの持ち主です。本作は人としておかしい登場人物が揃っており、さらに中盤には韓国を擁護し日本を叩く話も複数あり、非常に偏った印象のあるマンガです。

社会的現象と言えるほどの人気があったマンガでしたから、インターネットの黎明期には本作の歪んだ歴史認識および捏造を暴くウェブサイトが相当数見られました。

その具体例として、最もインパクトがあったのが、二二巻収録の「韓国食試合！」でしょうか。

この話では、日本が戦時中、日常生活を行っている朝鮮人の市民や農民をトラックに乗せて「強制連行」したという旨のことが述べられています。

また、「強制連行よりもっと酷いことを、日本は朝鮮、韓国に対してたくさんしているよ」というセリフがありましたが、捏造歴史である「強制連行」よりも酷いこととは、いったい何なのでしょうか。本当にたくさんあるのであれば、嬉々としてその具体例を描いていたはず。しかし、言い放しで具体例は描かれていませんでした。

他に韓国や在日韓国・朝鮮人を扱った話は、一〇巻「キムチの精神」や、五五巻「韓国と日本」、六五巻「オーストラリアの危機」、七七巻「日本全県味巡り大阪編」、九八巻「日本全県味巡り長崎編」など、数多く描かれています。

『美味しんぼ』で描かれたこれらの物語に騙された人が歴史事実を知ったことで、自分と同じような被害者を救うべく、ホームページを立ち上げたり掲示板に書き込んだりなどの行動を起こしたのでしょう。

黎明期の嫌韓の盛り上がりにあたって、『美味しんぼ』は大きく貢献していると思われます。

雁屋氏の左派的反日思想が顕著に出ているのが、『黒鍵【くろのキー】』（作画：叶精作、小池書院、一九七七年）です。

日本の支配階級が、太平洋戦争の際、国民に供出させたダイヤを元にしたD資金をつくって運営、日本の富と権力を独占するD機構をつくり上げます。その支配階級によって自分の家族全員を殺された主人公は、復讐を果たしながらD機構の真相に迫っていくという物語です。ラストシーンで悪のラスボスが判明するのですが、その正体とは昭和天皇だったのです。

雁屋氏は、「あさま山荘事件」や「山岳ベース事件」などの殺人事件を起こした極左テロ組織「連合赤軍」や、爆弾テロによって死者八人、負傷者三七六人の被害を出した極左暴力集団「東アジア反日武装戦線」の捉え方とまるで同じ、反天皇・反体制のテンプレ思考の持ち主と言っていいでしょう。

『週刊金曜日』（金曜日）に連載された『マンガ日本人と天皇』（原作：雁屋哲、作画：シュガー佐藤、いそっぷ社、一九九八年）も、反天皇・反体制イデオロギーの臭気が強く、そのようなイデオロギーの人たちには気持ち良くなれる内容となっています。しかし、フキダシ内の文字量が多く、マンガとしては非常に読みづらいので、オススメはできません。

こういった反体制、左派、反日のスタンスの作品は、マンガでは見られますが、アニメではこれといった作品が見られません。これは、いくら何でも子どもも観るアニメで、ヘイトな内容をつくるわけにはいきませんし、また反社会勢力を正義と規定することは無理があるからつくられないのでしょう。

右傾化するロックと少女マンガ

『ドラゴンボール』のセル編から「ミスター・サタン」というキャラクターが登場します。サタンは地球最強を自認し、また地球人にもその強さが認められているのですが、それはあくまでもリアル社会での強さでしかありません。孫悟空やピッコロ、ベジータといった宇宙人および彼らのレベルに追随するクリリンたちからは、ゴミ扱いされるというネタキャラです。

このキャラの元ネタは、英国ロックバンド「クイーン」のフレディ・マーキュリーと言われています。フレディを主役に据えた映画『ボヘミアン・ラプソディ』が、二〇一八年に日本公開され、同年の洋画興行収入一位を記録したことで、若い世代でもご存じのことと思います。

鳥山氏の奥様は元マンガ家で、「みかみなち」というペンネームで単行本も出しています。彼女の処女単行本『上を下へのロックンロール』（白泉社、一九七七年）には六本の読み切りが収録されており、うち三本が、クイーンを題材にした「キングスロードに赤いバラ」、ベイ・シティ・ローラーズを描いた「青春のハーモニー」、キッスを描いた「キッスは悪魔の贈り物」と、洋楽ロックバンドを題材に用いた読み切りとなっています。

七〇年代の少女マンガに登場する男性キャラは、彫の深いソース顔で長髪、高身長で足が長く、白馬に乗った白人の王子様のようなルックスが基本フォーマットとなっていました。これが実に、英国ロックミュージシャンと親和性が高かった。先述のフレディは、八〇年代になるとミスター・サタンのようなヒゲ面ビジュアルになって女性ファンが離れてしまいますが、七〇年代の頃は少女マンガで描かれる男性キャラのようなビジュアルでした。

洋楽ロックを扱った少女マンガは、他に萩尾望都やくらもちふさこ、佐藤志保里、小野弥夢らが挙げられます。そして最初に洋楽ロックを扱った少女マンガが、トキワ荘グループの唯一の女性マンガ家であった水野英子の『ファイヤー！』（一九六九年）。同作は、アメリカの青年がロック・シンガーを目指す物語。本作以前の少女マンガで音楽が用いられる場合は、クラシックやオペラなどが題材とされていました。

七〇年代に日本の洋楽ロック市場を牽引していた洋楽ロック雑誌『ミュージック・ライフ』（シンコー・ミュージック）で編集長を務めていた東郷かおる子氏は、二〇一六年のクイーン・ハイレゾ音源配信記念インタビューで、「クイーンが日本であれだけ最初にボワッと火が付いたのって、日本の少女マンガ文化がものすごく影響してると思うんですよ」と述べています。あの頃、少女マンガのサブテキストとして『ミュージック・ライフ』を見ていた少女マンガファンは少なくなかったのです。

ところが八〇年代になると、国産ロックを応援するマンガ家が増えていきました。一九八三年にテレビアニメとして放送された多田かおる『愛してナイト』に登場する主人公の彼氏のバンド「ビーハイヴ」は、ノヴェラという日本のロックバンドがモチーフになっています。一九八九年にX（X JAPAN）がメジャー・デビューしたことにより、九〇年代以降、「ヴィジュアル系」が盛り上がっていきましたが、ノヴェラはそのルーツの一つとしてリスペクトされています。

筆者が少女マンガを読み始めたのは十歳頃、八〇年代初頭のことですが、子どもながら白人系王子様のようなキャラや絵柄については古臭く感じていたことを覚えています。好んで読んでいたのが、池野恋『ときめきトゥナイト』（集英社、一九八二年）のような学園恋愛ものでした。

ロックと少女マンガの関係を眺めてみますと、イケメンとされる人々の趣味・傾向が、彫の深い白人系ソース顔から、あっさりアジア系醤油顔へと傾倒していったことが読み取れます。洋楽ロックをいかに日本の風土に合わせるかという国産化・土着化が進められると同時に、イケメンとされる趣味・趣向についても日本人のほうを好むようになったのでしょう。八〇年代でも麻倉未稀や椎名恵、荻野目洋子、長山洋子他いろいろな歌手が洋楽カバー曲を歌っていましたが、その文脈もバンドブームの到来とマスメディア主導による歌謡曲の衰退によって失われました。

九〇年代にロック少女たちの間で大きく支持されたのが、先述のヴィジュアル系です。ヴィジュアル系とヘヴィメタルのステージ衣装、ゴスロリファッションは同じベクトルを向いています。そして彼らの追っかけをやっているバンギャル（バンドギャル）による推しメンのコスプレ姿は、オタクシーンにおけるコスプレ文化と変わりません。

ヘヴィメタルからヴィジュアル系、そしてコスプレ文化という流れは、オタク文化への接近およびクロスオーバーであり、国産化（「右傾化」）が進んでいくルートが見て取れます。

〝洋高邦低〟志向

以前、音楽業界の有名人である湯川れい子氏が、ツイッターで「ネトウヨさんは洋楽聴きませんからねぇ」（二〇一五年八月九日付）とつぶやいて、盛大に叩かれたことがありました。メディアで活動する立場の者が「ネトウヨ」というヘイトラベリング用語を使っているのですから、叩かれて当然でしょう。このヘイト発言から、洋楽を聴かない者は「ネトウヨ」であり、蔑んでいいという考えも読みとれます。

裏を返せば、洋楽を聴く者は左派であり尊ばれる存在という考えも透けて見えます。これは昭和時代の考え方で、戦後日本には、欧米のものを尊び、国産のものを蔑む〝洋高邦低〟志向が長い間蔓延《はびこ》っていました。洋画や洋楽などの欧米の文化が格好良い趣味とされる文化の序列が横たわっていたのです。

特にロック・シーンには、日本および国産バンドを蔑む空気が色濃く残っています。ロックの発祥はイギリスですから仕方がないと言えばそれまでですが、音楽の内容よりも、出身国による差別意識が顔を出すのです。

筆者は八〇年代後半頃からロックのサブジャンルであるヘヴィメタルを聴き始めましたが、日本の洋楽雑誌および一部のメタラーは、欧米を持ち上げるためにしばしば日本を引き合いに出して、日本を見下します。彼らは、国産メタルバンドを下に見ることに加えて、ヘヴィメタル・シーンとはあまり関わりのない日本の芸能界や歌謡界に対して、非常にネガティブなスタンスをとっているのです。さらには洋楽リスナーが歌謡曲などの国産ポップスリスナーに対してマウントをとってくることもしばしばあります。洋楽ロックと国産ポップス、各々を趣味に持つ者同士が会話すれば、一部の洋楽ロックリスナーが国産ポップスリスナーを見下すわけです。

平成時代に入る頃には、〝洋高邦低〟志向はすでに過去のものとなっていましたが、ヘヴィメタル・シーンにはしぶとく残っています。そういった国籍によるヘイトが行われる場面にしばしば遭遇してきたことで、筆者のなかに日本を擁護しないと気が済まない気質が育ってしまったのでした。

日本・日本人だからダメだとか、日本の歴史は悪いといった差別的な決めつけは、いい加減に止めてもらいたいものです。

さらに進化するアニソン

一九七八年に公開された劇場用アニメ『宇宙戦艦ヤマト』と、その翌年に公開された劇場用アニメ『銀河鉄道999』の主題歌に起用されたのは、それぞれ沢田研二とゴダイゴだったことはすでに述べましたが、一九八一年公開の劇場用アニメ『機動戦士ガンダム』ではやしきたかじんが起用されるなど、この頃から芸能界で活躍する歌手がアニソンを歌うようになります。

テレビアニメでも、八〇年代初頭から当時人気のあったアイドルが起用されるようになりました。杏里が起用された『キャッツ♡アイ』のオープニング曲が歌番組で一位になる大ヒットを記録します。その後、伊藤さやかや斉藤由貴、西村知美、うしろゆびさされ組、うしろ髪ひかれ隊など、アイドル市場とアニメ市場の結びつきが強化されました。ロボットものに目を向けると、『機動戦士Zガンダム』のオープニング曲に起用された森口博子をはじめとして、飯島真理、藤原理恵、ひろえ純、山瀬まみ、渡辺絵麻ら、多くの女性アイドル（若くてルックスの良い女性）が主題歌を歌っています。

ロボットアニメの視聴者は子どもの他にティーンの男性が特に多いことから、女性アイドルとの親和性が高く、この時期アニメの主題歌を聴いて、アイドル道に転んだアニメ視聴者もそれなりにいたのではないでしょうか。

しかし、アニメの主題歌に起用されていたのはアイドルだけでなく、ラウドネスやアースシェイカー、メイクアップなどの国産メタルバンドも少なくなかったのです。

ジャンプ系アニメ『聖闘士星矢』はメイクアップ、『北斗の拳』ではクリスタルキングやTOM★CAT、子供ばんどなど、『ドラゴンボールZ』では国産ヘヴィメタルの原点であるレイジーのフロントマンの〝ミッシェル〟こと影山ヒロノブが起用されました。ラウドネスは一九八五年夏に公開された劇場用アニメ『オーディーン 光子帆船スターライト』の主題歌を任され、アースシェイカーは、テレビアニメ『超音戦士ボーグマン』の主題歌を任されています。

そして、アイドルとヘヴィメタルの両極を結びつけていたのが、ステファニーや早川めぐみをはじめとする女性メタルシンガーでした。彼女らは、一九八三年から勃興したOVAという新たな媒体での作品でしばしば起用されていました。

●アニソンシーンにおける2つの系譜

日本の歌謡曲の系譜　　洋楽ロックの系譜
↓　　↓
女性アイドル歌手　　国産ヘヴィメタル
↓　　↓
80年代アニソン

アニメとアイドルを結びつけた起点となったアニメが『超時空要塞マクロス』です。本作はロボットアニメなのですが、本編でアイドル歌手として活躍する萌えキャラの元祖「リン・ミンメイ」が登場し、オタクによるオタクのためのアニメの起点ともされています。

本作における女性歌手とロボットアニメ、萌えと音楽というフォーマットは、男性オタクがメインユーザーとなるＯＶＡ市場にて後継作品がつくられていくことになります。

ＯＶＡ『メガゾーン23』で「リン・ミンメイ」の後継キャラとされる「時祭イブ」が登場し、その二年後にリリースされた後継作品のＯＶＡ『バブルガムクライシス』でも女性歌手が登場、主人公「プリス・アサギリ」がその役割を担っています。しかしそのあり方は、時代に応じてアイドル歌手からロック歌手へと進化しています。

本作はシリーズ作として企画され、八本制作された後、さらに『バブルガム・クラッシュ！』

◉アニソンで融合するオタク向けアニメとアイドル

オタク向けアニメ	歌手・グループ名	属性
宇宙戦艦ヤマト	沢田研二	芸能界歌手（グループ・サウンズ出身）
機動戦士ガンダム	やしきたかじん	男性シンガーソングライター
超時空要塞マクロス	飯島真理	女性シンガーソングライター
機動戦士Ｚガンダム	森口博子	女性アイドル
超獣機神ダンクーガ	獣戦機隊	男女混成声優グループ
バブルガムクライシス	ナイトセイバーズ	女性声優アイドルグループ

とタイトルが変更されて三本制作されたのですが、二作目でヘヴィメタルの楽曲が作られています。本作の主題歌歌手を兼ねる主人公「プリス」の声優に抜擢された立川亮子は、〝メタル・クイーン〟浜田麻里の再来として、〝ポスト浜田麻里〟と称されていたロックシンガーでした。

ここで、『超時空要塞マクロス』を起点とする女性歌手が物語の鍵となるアニメの系譜から興味深い事実がわかります。『マクロス』のテレビ放送時のオープニング曲とエンディング曲は、ＣＭソングやアニソンをメインに歌っていた藤原誠という男性歌手が歌っていましたが、映画での主題歌はアイドル歌謡となり、後継作品ではロック、さらにはヘヴィメタルへと進化しているのです。

その過程において、『バブルガムクライシス』では「ナイトセイバーズ」という声優アイドルグループが誕生しています。同グループは現在の声優アイドルグループの原点でしょう。

そして『マクロス』系譜作品の末期では、ヘヴィメタルへと進化しましたが、〇〇年代以降、アニソンには「ラウド系アニソン」が増えていくことになります。つまり、『マクロス』系譜作品はアニソンの進化を先取っていたわけです。

アニソンを救ったヘヴィメタル

一九八〇年代になると日本のロックが商業的に活性化し、昭和時代の末期にバンド・ブームが起こります。そのブームを象徴するテレビ番組が、一九八九年に放送を開始した『三宅裕司のいかすバンド天国』でした。「イカ天」と呼ばれ爆発的な人気を博したこの番組に多くのアマチュアバンドが参加し、またメジャーデビューを果たしていきます。

Jポップシーンは、イカ天出身のバンドが激増し、その後メタル界からはヴィジュアル系ムーヴメントが勃興するなど、ロックバンドだらけになってしまいました。

その影で国産ヘヴィメタルは一気に衰退し、八〇年代に活躍したバンドが次々と解散していきました。ここで、腕の確かなミュージシャンはスタジオ・ミュージシャンとして働くことになります。

一九九六年、アンセムの二代目ヴォーカリスト＝坂本英三をヴォーカルに据えた「アニメタル」

がヒットして社会現象となり、雨後のタケノコのように様々なレコード会社から関連商品が量産されました。このときに活躍したのが前述のスタジオ・ミュージシャンでした。彼らは裏方としてアニソンに相応しい楽曲をつくっていきました。

この時代、アニメはまだ社会からは子どもの観るもの、オタクのものという認識が強く残っていました。しかし、前年（一九九五年）にテレビアニメ『新世紀エヴァンゲリオン』が放送され、またガンダムのプラモデル「マスターグレード」の発売などによって、新たなユーザーの開拓およびかつての視聴者がオタク市場に回帰する流れが起こります。これをさらに押し進めたのがアニメタルと、その関連商品のヒットだったと言っていいでしょう。

アニソンは八〇年代にアイドル歌手が参入し、九〇年代にはバンドブームの流れを受けて人気のあったJポップバンド、アーティストがアニメの主題歌に起用されるようになります。アニメとJポップのタイアップです。

このタイアップによって、Jポップアーティストによる自身の個性を優先させる楽曲がはびこり、アニソンが単なる宣伝の場に陥ってしまったのです。アニメの内容とは関係のないアニソンが次々につくられていく風潮にうんざりするオタクは、少なくありませんでした。

アニソンはこの頃、空気を読めないJポップバンドやアーティスト、そして音楽業界に潰される危機に瀕していたのです。

ここでアニソン四天王の一人である水木一郎が立ち上がります。水木の「二一世紀へ古き良きアニソン魂を残したい」との想いから、アニソングループ「JAM Project」が結成されます。同グループはヘヴィメタルの要素が色濃く出ている楽曲を非常に多く持ち、結成時のメンバーにはヘヴィメタル出身の影山ヒロノブと坂本英三が名を連ねています。坂本英三は早い時期に卒業しますが、他メンバーおよびその後加わるメンバーにはハードロック／ヘヴィメタルの経験者や国産メタル好きで固められ、またバックバンド経験者も、メタル系のプレイヤーが揃っています。その背景には、先述のアニメタルとその関連商品のヒットによる、メタル系プレイヤーのスタジオ・ミュージシャンの影響もあったでしょう。

　ヘヴィメタル出身のミュージシャンがアニソンの危機を救ったのです。

　このことは、日本のアニメの海外市場開拓においても好都合でした。ヘヴィメタルは世界中で聴かれている共通フォーマットの音楽ジャンルであることから、アニソンにその要素が含まれていると、海外ユーザーにもわかりやすいわけです。

　日本のヘヴィメタル・シーンでは、二〇一〇年頃から「嬢メタル」という女性メンバーによるバンドが激増していますが、彼女らは海外のオタクイベントのステージに立って演奏していたり、海外のメタルバンドがアニソンを演奏していたりと、親和性の高さが実証されています。

　近年、「ラウド系アニソン」が増えており、さらにはデスメタルを歌う女性声優も登場しています。この源流にはヘヴィメタルがあり、またBABYMETALを起点とする「ラウド系アイドル」シーンの盛り上がりがあります。

海外ロックシーンにおいて「ラウド系ロック」は本流の一つなのですが、「ラウド系アイドル」と「ラウド系アニソン」のアーティストは、「ラウド系ロック」の流れに上手く乗って、海外でも人気を博しています。

東西冷戦終結後の日本

かつての日本国内の対立構造は、社会主義の実現を謳っていた革新勢力と、共産主義の脅威を謳っていた保守勢力による保革対立での論争でした。

しかし東西冷戦が一九八九年に終結し、ある意味、安定していた世界の秩序が激変、日本にも「不安定な平和の時代」が訪れることとなりました。

まずは日本の安全保障政策と、防衛法制が様々な問題に直面します。一九九〇年、イラク軍が隣国クウェートへ侵攻したことで、国際連合は多国籍軍（連合軍）の派遣を決定。一九九一年から湾岸戦争が始まります。

アメリカ政府は、同盟国であり湾岸諸国から大量の原油を購入していた日本から戦費の拠出と共同行動を求めましたが、日本は計一三〇億ドルの財政支援をするのみで自衛隊の派遣は行いませんでした。日本のこの判断に対して、アメリカを中心とする西側の反応は非常に厳しく、「too little too late（小さ過ぎるし、遅すぎる）」と言われ、さらには「血と汗のない貢献」「小切手外交」

とまで言われてしまったのです。

日本国民はこの苦い経験から、平和や自衛隊のあり方、憲法9条に対して考え始めるようになりますが、現在に至るまで改憲できていません。またこの頃に、慰安婦問題や南京事件、教科書問題などを巡っての対立も激化しました。

そして、過去の戦争の歴史についても語られるようになります。かつての連合国と日本による太平洋戦争は、日本による「侵略戦争」だったことにされていましたが、これはあくまでも戦勝国である連合国側の立場であって、日本側の立場では自存自衛の戦争だったとの言い分があります。

そもそも「太平洋戦争」という名称は、GHQが戦後につくったもので、それまでは「大東亜戦争」と呼ばれていたのです。しかし日本が敗戦し、「極東国際軍事裁判（東京裁判）」によって勝者側の裁きを受け、それを受け入れざるを得なかった過程で「大東亜戦争」という本来の名称が禁じられたという経緯があります。戦後の日本は、日本側の立場を語ることが封じられ、先述の戦前日本を悪とする「東京裁判史観」と称される自虐的な歴史観がまかり通っていたのです。

日本は民主主義国家ですから、左右どちらの主張も自由に語ることができます。しかし昭和時代は、左右の軸が左に偏り過ぎており、社会から多様性が欠落していました。

そこで、左傾化した社会を正そうとの機運が高まり、偏った歴史認識、日本に対して否定的な見方だけではいけないとする「自由主義史観」が、社会科教育学者で東京大学教授（当時）の藤岡信勝氏によって提唱されたわけです。

一九九〇年代とは、昭和時代および冷戦時代の価値観が根底から覆された時代だったと言えます。その後、二十年を費やして日本社会に本来の歴史事実が拡散し、正常化していきました。

二〇一〇年代になると、本章のはじめに取り上げたような日本の歴史や伝統が色濃く反映された劇場用アニメがヒットする現象が起こりますが、その背景には、日本人の歴史観の自由化と多様化がありそうです。

マンガに政治や社会の問題が持ち込まれた

一九九〇年代、左右のイデオロギー対立の場で大きく話題となったのが、一九九五年から保守系雑誌『SAPIO』(小学館)連載の『新・ゴーマニズム宣言』の別冊版として、一九九八年に出版された、小林よしのりの『新・ゴーマニズム宣言SPECIAL 戦争論』(幻冬舎)でした。同書は大東亜(太平洋)戦争を肯定的に論じた内容で、三巻まで出版されています。二巻以降は反米右翼のスタンスが強化され、現実との折り合いをつけて思考する保守の人たちが離れていくことになりました。小林氏は、二〇〇〇年代以降に主流となっていくインターネットの言論および歴史事実と乖離していき、現在に至るまで迷走を続けているようです。

いずれにせよ小林氏の『戦争論』一巻は、右派イデオロギーの土台のひとつとなり、またインターネット黎明期のサブカル／オタクの右派ネット民に大きな影響を与えました。

九〇年代の出版産業は極めて好調で、そのなかでも特にマンガの出版が伸びていました。マンガ出版規模が大きくなっていくうえで、マンガが社会と隔絶しているわけにはいかないのか、マンガ雑誌に様々な社会的テーマやスポーツ選手を題材にした作品が掲載されました。

少年マンガ雑誌では『週刊少年マガジン』が特に積極的で、一九九一年に『チェルノブイリの少年たち』（三枝義浩）を掲載して以降、『砂漠を緑に変える』『ＡＩＤＳ―少年はなぜ死んだか』『埋もれた楽園―谷津干潟』など、様々な学校や親たちに広く受け入れられそうな政治・社会性を帯びたドキュメント系マンガが多数掲載されていました。

一九九五年三・四合併号で六五三万部を記録した『週刊少年ジャンプ』も、社会の公的な役割を担わされたのか、それとも国民的人気を誇っていた『ドラゴンボール』の連載終了後の部数減を見越してか、Ｆ１のシューマッハ（先述の『Ｆの閃光』）や相撲の若貴兄弟などの超有名スポーツ選手を題材にした連載マンガや、太平洋戦争を題材にした読み切り作品など、一般層向けのマンガが掲載されていました。現在の『少年ジャンプ』のあり方からはちょっと考えにくいことでしょう。

この時期の『少年ジャンプ』と『少年マガジン』両誌は発行部数を争うライバル関係にあり、広く読者を開拓するためか、一般層向けの内容の読み切りが多く掲載されていたのです。

その頃、青年マンガは、『沈黙の艦隊』（かわぐちかいじ、講談社、一九八八～一九九六年）では国防が、『サンクチュアリ』（原作：史村翔、作画：池上遼一、小学館、一九九〇～一九九五年）や『加治隆介の議』（弘兼憲史、講談社、一九九一～一九九八年）では、政治が語られました。いずれの作品も、左右のイデオロギーにおいては中道右派のスタンスに立っています。

九〇年代は言論界が左派から中道化していった時代でしたが、青年マンガ誌ではその動きと足並みを揃えた作品が描かれていたわけです。

そして〇〇年代になると、中小出版社から右派ネット民のニーズに合致する歴史や社会の問題を扱ったマンガのムック本が多数出版されていくこととなりました。

インターネットで結びついた右派とオタク

二〇〇六年九月、秋葉原駅前で行われていた自由民主党総裁選の街頭演説にて、安倍晋三氏、谷垣禎一氏に続いて最後に演説した麻生太郎氏は「自称秋葉原オタクのみなさん」と呼びかけ、まずは『キャプテン翼』が世界的に有名である具体例が長々と話されました。さらには、歌手の椎名林檎、『ドラえもん』『ポケットモンスター』などの例を出し、日本のポップカルチャーがいかに世界に広がっているかを話したのです。

この演説はインターネットで拡散され、「オタクが市民権を得た」「俺たちの麻生太郎」として好意的に受け入れられることになりました。

また、麻生氏が空港で『ローゼンメイデン』（PEACE PIT・幻冬舎）の単行本を手にとっていたとの目撃談がインターネットで盛り上がりました。実際にこのマンガを読んだのかはわかりませんが、麻生氏は黎明期の『週刊少年ジャンプ』を支えた『男一匹ガキ大将』（本宮ひろ志、集英社）の時代からマンガを読み続けていた息の長いマンガ読者ということから、マンガにおいては若いオタクや一般オタクよりも詳しいのではないかと推察されます。

そのようなことから麻生氏は〝ローゼン閣下〟と称され、オタクに好意的に受け止められるようになったのです。

秋葉原は電気街であるためインターネットとの親和性が高く、この二つはオタクカルチャーとの親和性も高いので、麻生氏の演説もオタクに向けたものになるでしょう。

さて、自民党とオタクカルチャーの相性はどうなのかと言うと、1、2章まで読んだ方ならおわかりでしょう。右派とオタクはどちらも日本を守る立場ですから、右派政党である自民党とオタクの親和性は高いということになります。

日本社会には、左派が反日、右派が親日という対立があります。そして、マスメディアは権力を監視するというお題目で、その多くが反権力を掲げて右派に敵対しています。

ところが、そのマスメディアが正しい事実を伝えていないことが、インターネットの勃興によってネット民に広く知れ渡ってしまいました。そこで、ネット民がマスメディアという権力の監視の役割を担うことになり、ネット民は右派・日本側に軸足を置くことになったのです。

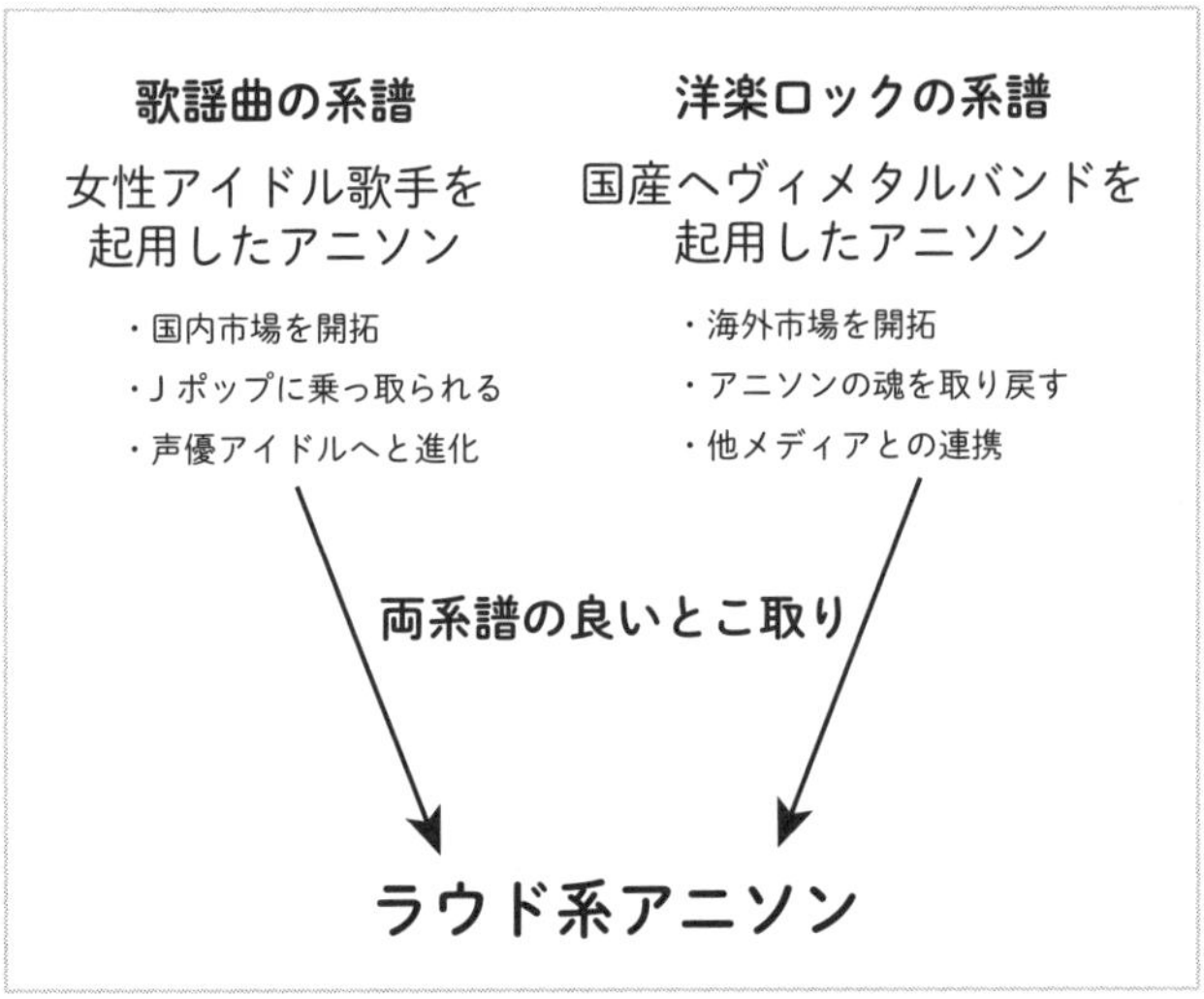

◉2つの系譜のアニソンとそれぞれの役割

◉○○年代に構築された二極対立構造

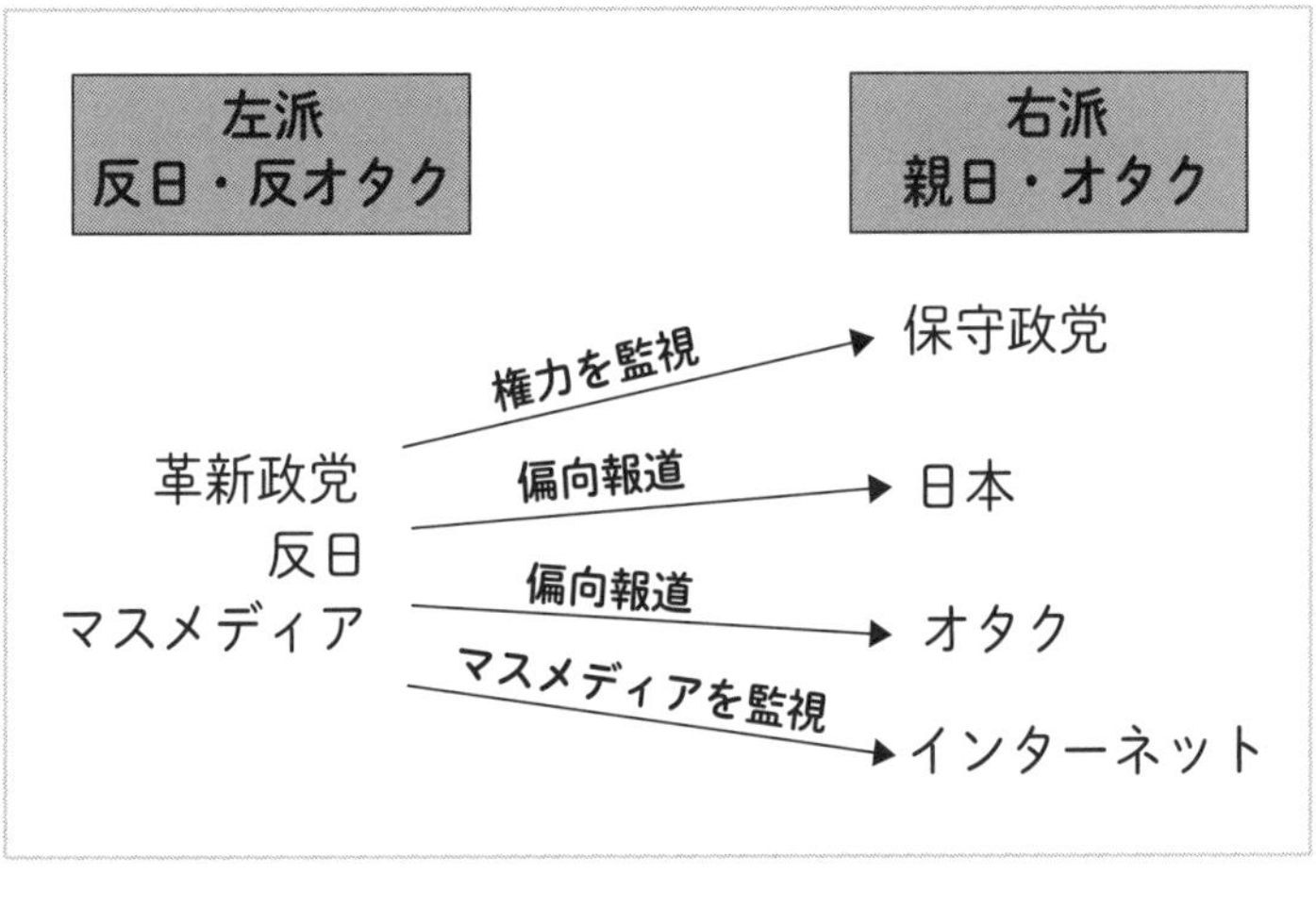

前述のとおり、秋葉原やインターネットはオタクとの親和性が高いので、オタクもマスメディアに対しては反発するスタンスをとっています。マスメディアに反発する原因として、一九八八年から一九八九年にかけて起こった「東京・埼玉連続幼女誘拐殺人事件」での偏向した報道があげられます。マスコミは同事件における激しい報道合戦のなかで、犯人のビデオ趣味と異常性を結びつけ、幼児性愛や屍体愛好までもオタクに紐づける報道を行い、歪んだオタク像をつくり出したのです。

このことから、オタクを変質者や犯罪者予備軍とみなすオタク差別やオタク迫害の事態に発展していったのですから、オタクが反マスメディア側に立つのも無理からぬことでしょう。

インターネットの勃興以降、この左右対立およびマスメディアとインターネットの対立などの様々な争いが勃発するのですが、それについては3章で述べたいと思います。

いずれにせよ、日本とオタクの親和性の高さが可視化、実証され、両者の結びつきはより強化されていくことになりました。その結果として、本章冒頭で述べたような日本愛のマンガやアニメが増え、オタクカルチャーと国・行政との関係が深まっていき、右派オタクの人たちが増えているわけです。

右派、オタク、ネット民と多様性

前項で、日本・オタクカルチャー・インターネットの親和性が高いことを述べました。なぜ親和性が高いのかというと、これらの属性にはいずれも多様性があるからでしょう。まずは、それぞれの属性における多様性について説明したいと思います。

このような多様性が受け入れられている背景には、日本独自の宗教観が根底にあると思われます。日本人には、八百万の神がいる、山川草木すべてに神が宿っているとする神道が根底にあり、この考え方が多種多様な文化を生み出してきました。

例えばポップミュージックにおいては、音楽性による分類ではなく、アニソンやヴィジュアル系、アイドルなどの属性で分類されており、どの属性も音楽的に非常に豊かで多様性があります。

ところが戦後の日本社会は、左派・反日のスタンスに立つマスメディアや教育現場によって、日本を悪とする歴史観に支配されてきました。しかし多様性を重んじる日本という国、そして日本人には、一方向だけの歴史観の押しつけは向かないのか、ポスト冷戦時代になるとその偏った歴史観にメスが入れられ、日本の歴史について自由に捉える「自由主義史観」が提示されることとなりました。

日本・日本人が本来持っていた多様性が復活したことによって、左派、反日が支持する昭和時代の偏向した歴史観は、その多様化の波に飲み込まれてしまいました。

右派とオタク、ネット民たちは、多様性を重視していることから、それを侵害された場合は徹底的に抗うわけです。

日本のマンガやアニメは、勧善懲悪のものばかりではなく、二極対立構造のなか、両陣営に立場や言い分があることを描いている作品も少なくありません。『宇宙戦艦ヤマト』やリアルロボアニメにおいては、敵の戦う理由、事情も描かれており、勧善懲悪作品とは一線を画しています。富野喜幸（富野由悠季）監督が手がけたテレビアニメ『海のトリトン』（一九七二年）では、主人公側の「トリトン族」が悪であり、敵側の「ポセイドン族」が善だったという衝撃の善悪逆転劇が描かれています。このように、主人公視点では敵役だったとしても、物語が進むにつれて悪役ではなかったという物語の展開は一つのテンプレとなっています。

オタクカルチャーに触れるなかで多様性の重要さについて学んできたオタクが、左派陣営を善とみなす勧善懲悪による一方的な言い分を信じるわけがありません。

インターネットと多様性については言わずもがなでしょう。マスメディアはその名のとおり大衆のものですが、インターネットは大衆とは対極のスタンスに立っています。電子掲示板「5ちゃんねる」などを見ればわかりますが、インターネットとは個人の集合体であり、人それぞれが自由に用いるメディア、ツールなのですから、多様性に富んでいるのです。

日本、オタクカルチャー、インターネットを嗜む、それぞれ右派、オタク、ネット民という属性の人たちは、自陣営内での趣向の違いについて争いません。

オタクカルチャーには、エロやボーイズ・ラブ（ＢＬ）といったジャンルがあり、それらはバッシングの対象になりやすいのですが、オタクは自分のジャンルのなかでひっそりと嗜んでおり、わざわざ興味のないジャンルに乗り込んで叩こうとはしません。

オタクの外部から問題がもたらされた場合のみ、ジャンルを越えて手を取り合って挑みます。

しかし右派と対立し、オタクを嫌悪している左派陣営を見ると、そのなかで血で血を洗う争いを行っており、「内部ゲバルト（内ゲバ）」と称される暴力を用いた抗争に明け暮れており、内ゲバによる死者は一〇〇人を超えています。多様性がないと、批判やレッテル貼りに留まらず、殺し合いにまで発展してしまうのです。

3章で詳しく触れますが、韓国や在日の人たちも反日イデオロギーに支配され、異論が許されない社会構造であることから暴走を食い止めることができない状態に陥っています。

◉二極対立構造

右派
日本・オタク・ネット　　多様性

反日・反オタク・マスメディア　　自分たちの価値観を死守
左派

コンテンツは日本の国益

杉山知之『クール・ジャパン 世界が買いたがる日本』（祥伝社、二〇〇六年）の1章に、「アメリカ人には『コンテンツは国益』だと刷り込まれている」という項目があります。

その内容を要約すると、アメリカ人は、映画などのロケの現場に遭遇したときに交通整理で止められたら、自分の権利を制限することを嫌う気質を持っていることから絶対に文句をつけるはず。それなのに不平を言わず平気で待っている。なぜかというと、アメリカ人には共通の認識としてコンテンツ産業は国の産業であること、そして最終的に自分たちの利益につながることを理解しているから、といった話が書かれていました。

また2章「金額には換算できない、コンテンツ産業の大切な役割とは」という項目では、「コンテンツ産業にはもう一つ大切な役割がある。日本の力と存在感を、海外に示せることである」と述べられています。

著者の杉山知之氏は、デジハリ学校長とデジタル・ハリウッド大学・大学院学長を務めてる人で、愛国や歴史問題という日本を擁護する文脈を背負っているわけではありません。特に右派ではない人でも、自分の所属する家や郷土、そして国家が利益を得ることが、最終的にそこに所属する自分へと還元されるということを述べているのです。

実際に、コンテンツは国益と言わざるを得ません。もしも、マンガやアニメが日本で発展していなかったとしたら、日本は今ほど海外から注目されることはなかったのではないでしょうか。日本は、国際社会において独特のポジションを獲得しています。それは、日本独自の伝統文化に加えて、オタクカルチャーがあったからと言えるでしょう。

第3章 オタクVS韓流

ウソの真実が暴かれる時代

日本は昭和時代から、韓国に対しては腫れ物を扱うように格別の配慮をしてきました。その理由は、韓国は日本と同様、東西冷戦における西側（資本主義）陣営に属しており、反共の防波堤の役割を課せられていたためです。冷戦時代の韓国は、安全保障の面では米国に依存し、経済の面では日本に依存していたことから、日本とアメリカの二国しか見えていませんでした。

しかし冷戦終結によって世界秩序が激変し、韓国は一九九〇年にソ連と、一九九二年には中国との国交を樹立しています。日米の二国だけだった韓国に、中国とソ連（ロシア）が加わり、この四大国を指す「四強」という言葉が語られるようになります。また冷戦終結によって、「反共産主義」と「反日ナショナリズム」の二本立てだった韓国の政治スタンスは、前者の「反共産主義」が無効化し、残った「反日ナショナリズム」が暴走していくことになったのです。

しかも当時の日本には、「日帝三六年」や「強制連行」といった捏造の歴史が蔓延っていたため、左派も右派も、そして知識人も対処できません。また、日本のマスメディアも「国家権力を監視する役割を担っている」というお題目を掲げているため、日本を敵視する韓国側のスタンスに立っていました。

そんな時代に、インターネットが勃興したのです。

特にネットを使い始めるのが早かったのが、サブカルやオタクの人たちでした。筆者がインターネットに触れたのは一九九七年頃からですが、この頃のネット民は、コンピュータは当然として、ゲーム、マンガやアニメ、同人誌などのオタクカルチャー、他に鉄道やアイドル、ミリタリーなどのサブカル／オタク系文化を背負っている人が多かった印象があります。インターネットとサブカル／オタクの相性は非常に良いのでしょう。

そしてインターネットとは、ウソと真実が玉石混合の空間です。二〇〇〇年に発生した「西鉄バスジャック（ネオむぎ茶）事件」について、電子掲示板「2ちゃんねる」管理者（当時）＝西村博之氏が、報道番組『ニュースステーション』（テレビ朝日）のインタビューで述べた「ウソはウソであると見抜ける人でないと、（掲示板を使うのは）難しいものがあるでしょう」という発言があります。

これは、インターネット上に飛び交っているウソのような真実や、真実のようなウソをいかに見抜くかという能力が、インターネットでは必要とされるということを述べたものです。インターネットのこのような特性は、日本、そして日韓の歴史問題、加えて「弱者」と規定されていた在日韓国・朝鮮人が保持していた「在日特権」といった既得権益を暴くにはうってつけでした。ご存じのとおり、韓国と在日は、「ウソの玉手箱」だったのです。

ではなぜ「ウソの玉手箱」がつくられたのか。その理由は、韓国や在日に都合の悪い真実がメディアタブーとして仕立て上げられ、封じ込められていたからに他なりません。

日本と韓国・在日の間には、慰安婦問題をはじめ、韓国併合や併合下の朝鮮の実態、竹島領土問題、在日の地方参政権など様々な問題が横たわっていましたが、両者の間にある歴史事実がタブー扱いされていたことで語ることができず、適切な解決手段がとれない状態が何十年も続いていました。

しかし九〇年代後半にインターネットが勃興し、事情通の人たちやサブカル／オタクのネット民によって、メディアタブーの代表格だった韓国と在日に都合の悪い真実にもメスが入れられ、盛り上がったのです。盛り上がった理由は、報道を使命とするマスメディアが、タブーをつくっていたからでしょう。タブー扱いしていなかったならば、〇〇年代前半に盛り上がることはなかったはずです。

とはいえインターネットの黎明期には、まだまだ韓国や在日のことに興味を持つネット民はかなり少なかったと思われます。

オタクのトラウマ〝三文字作画〟

遡ること約三十年前、一九九〇年にNHKで『ふしぎの海のナディア』というアニメが放送され、筆者は本作をリアルタイムで観ていました。とはいっても全三九話のうち、第二四話「南の島編」に入ったあたりまででしたが。観るのをやめたのは、作画崩壊が凄まじかったからです。作画崩壊が起こっていたのは、調べたところでは第二三〜三四話の「南の島編」と「アフリカ編」ということでした。最近になってようやく当時観ていなかった回を観ました。また、作画崩壊した理由も同時に知りました。

その理由とは、本作の制作に韓国の下請けを使ったことが原因だったのです。韓国に外注したフィルムのクオリティがあまりに酷く、日本側でできるかぎり自主的に修正したそうですが、修正してすらも、作画レベルが維持できなかったのでした。

そもそも、韓国の下請けを使うにあたって制作スタッフは、重要回のクオリティを守るため、いっそのこと捨てる回を決めて、そこに作画崩壊を集める手法を取りました。それが前述の第二三〜三四話だったわけです。

制作スタッフは、どんなに酷い作画が上がってきても目を瞑ると決めたそうです。それでも、韓国人が作画監督を務めた第三四話の作画レベルがあまりに酷かったことから、監督の庵野秀明氏は自腹で作り直したという逸話が残っています。作業の時間が絶対的に足りないことから、過去に使用したフィルムや、体操のシーンなどの同じ動きを延々と繰り返すフィルムをつくって、PV風の挿入歌を大量に盛り込んで、でっち上げたのです。要は、でっち上げでつくられたフィルムよりも、韓国に外注したフィルムのクオリティのほうがはるかに酷かったということなのです。一九八二年からテレビ放送された『超時空要塞マクロス』も、韓国のアニメスタジオが絡んでいます。同作も、作画クオリティの高い回と低い回があまりに極端であることが知られています。第一七話「ファンタズム」という回がありますが、これも過去に使用したフィルムを用いて、別の話をでっち上げています。前述の『ナディア』第三四話は、これと近しい手法をとったわけです。

つまり韓国のアニメスタジオが絡むと、作画クオリティが極端に落ちる、または崩壊する。この事実はオタク界隈では常識とされており、韓国作画については〝三文字作画〟と称されています。韓国人の名前は三文字であることがほとんどですから、いつしか韓国のアニメーターによる絵が崩壊した作画がそのように呼ばれるようになったのです。

現在、日本のアニメは世界に拡散され、海外のファンも数多く存在しています。その制作にあたっては、中国や韓国の協力がなければ成り立たないとも言われています。それでも、昔からのアニオタは韓国に対しては複雑な感情を持たざるを得ません。濃いアニオタであればあるほど、韓国に対して嫌悪感を抱いています。オタクの人たちは、韓国のいい加減な仕事による不愉快な映像を見せられ、苦しめられてきた被害者と言っていいでしょう。

筆者が最初に〝三文字作画〟で唖然とした作品が、前述の『超時空要塞マクロス』でした。それ以外に『ママレードボーイ』も酷かった。〝三文字作画〟のアニメは、以降も数多く存在しており、アニオタはそのたびに苦しめられてきたわけです。

嫌韓化していくオタク

『ふしぎの海のナディア』で、韓国のアニメスタジオが制作に携わっていたのは日韓の国家間の取り決めだったことが、岡田斗司夫著『遺言』（筑摩書房、二〇一〇年）に記されています。

岡田氏は当時、『ナディア』の制作会社＝ガイナックスの社長を務めていた人物です。同書では「最終的には確認してないし、僕にはわからないこと、調査できないこともあって『事実だ』とは断言できない」という但し書きの下、〈**「当時、韓国政府と取引というか、契約みたいなものが成立していたそうなんです。韓国の作画スタジオとNHKというレベルの話ではないです。日本国政府と韓国政府との間で、取り決めがあったらしいんですよ」「『ふしぎの海のナディア』は、アニメをつくるという目的以外に、NHKならではの『韓国のアニメスタジオにアニメの作り方を教える』という命題があったわけです。それは具体的に言うと、作画以降の、動画と仕上げ、撮影のほとんどの工程を韓国でやらせるということです」**〉として、当時の状況が詳しく述べられています。

さらに同作における作画の手抜きについて、ガイナックスは当時かなり叩かれたそうですが、岡田氏は同書で〈**「納品責任は東宝なんだから、せめてガイナックスじゃなくて東宝が手を抜いたって言ってくれ！　せめてグループ・タックが手を抜いたって言ってくれ！　そうじゃないなら韓国人が手を抜いたって言えよ！　世映動画ってエンディングに出てるじゃないか。もっとデータを読めよ！　エンド・クレジットに出てるじゃないか！」**〉と訴えかけています。

このような韓国への経済・技術援助については、日本と韓国が国交回復した一九六五年以降、アニメだけでなく様々な分野で行われていました。日本のサラリーマンや技術者は韓国に対して、親身になって援助し続けてきたのです。

手塚治虫が立ち上げた虫プロで脚本を書き、さらには2章でも触れた『宇宙戦艦ヤマト』の設定やSF考証をつくった豊田有恒氏という作家・クリエイターがいます。

豊田氏は、『いいかげんにしろ韓国―日本を嫉妬し、蔑む真の理由』（祥伝社、一九九四年）という著書で、日本が韓国に対して様々な経済・技術援助を行いつつも、現場の韓国人からのお礼の言葉がなかったことや、韓国の一般市民にその様々な援助が伝えられなかったことを滔々《とうとう》と述べています。

また同書には、韓国人は、日本人との交渉事などにすぐ「日帝三六年」を「錦の御旗」として持ち出してくることや、日本のマスメディアが、何もかも日本が悪いという発想で日本企業叩きをしていたことも書かれています。同書は多くの人に読まれ、日本の「嫌韓」の土台となりました。

韓国の発展のために頑張る現場の日本人たちに対する、韓国人の差別的な態度に物申したのが、オタクのルーツとなるクリエイターだった。嫌韓が、マンガ・アニメなどの濃度の高いオタク界隈から浸透していったのは、こういった経緯があったからなのです。

韓国人にターゲットとされるオタク

オタクが集まる日本最大のイベント、毎年夏と冬に東京ビッグサイトにて開催され、毎回五十万人以上の来客数を誇る「コミック・マーケット（コミケ）」という同人誌即売会があります。このイベントは、韓国人によるトラブルの最前線に立たされており、多くのオタクが、イベントのたびに「五〇〇ウォン硬貨詐欺」と称される詐欺の被害に遭っているのです。

その手口がどういったものかというと、コミケは同人誌売買という性質上、一〇〇円や五〇〇円などの硬貨が非常に多く用いられているのですが、ここで一部の韓国人が、支払いの際に韓国の一〇〇ウォン硬貨と五〇〇ウォン硬貨を使うのです。一〇〇ウォンと五〇〇ウォンはそれぞれ日本の一〇〇円と五〇〇円の約一〇分の一の価値なのですが、サイズや重量がほぼ同じで非常に似ているのです。したがって、お祭りという状況下で、また素人による会計では硬貨の違いになかなか気づきにくいわけです。

この韓国人が行っている詐欺問題については、親韓の人たちが「韓国人は財布の中に入っている五〇〇円と五〇〇ウォンを気づかずに間違って出しただけ」だとか、これとは真逆の「出展者が五〇〇ウォンを出されて気付かないわけがない」という理屈を述べて擁護をしています。

もっと乱暴な擁護としては、「ネトウヨガー」「差別」などとレッテルを貼ることで、詐欺問題を述べること自体を封じ込めようとしている。こういったことから、詐欺被害に遭わないように注意を促すこと自体が「差別」とレッテルを貼られてしまう状況も起こっており、コミケはもはや日韓論争の現場になってしまっているのです。

この五〇〇ウォン硬貨を用いた詐欺が、今から約二十年前の一九九〇年代後半に日本全国で多発しました。「五〇〇ウォン変造硬貨事件」です。

当時の自動販売機は、投入した硬貨とは異なる硬貨が返却される仕組みになっており、そして五〇〇ウォン硬貨は、五〇〇円硬貨に比べて若干重い。そこで、自動販売機の設計上の仕組みを悪用して、五〇〇ウォン硬貨の表面を削ったりドリルなどで穴を空けたりして重量を軽減させ、それを自動販売機に入れて返却レバーで約十倍の価値のある五〇〇円硬貨を取り出して、差額約四五〇円を得る、という詐欺の手口が横行したのです。

これがきっかけで自動販売機は、返却レバー操作では同じ硬貨が返却されるようになり、また五〇〇円硬貨も、デザインや素材を変更するマイナーチェンジが行われました。

彼らが犯している詐欺行為は、機械では対処できますが、お祭りイベントのコミケで対処することは難しく、こういったところでもオタクが、韓国を避けたいと考える実態があるのです。

クリエイティブの欠如した文化剽窃

韓国に関する基礎知識に、文化剽窃《ひょうせつ》と起源捏造というものがあります。簡単に言うとパクリなのですが、この韓国のパクリについて話題となるジャンルは、何といってもアニメーションです。そしてそれを代表する作品は満場一致で『テコンV』でしょう。『テコンV』とは、七〇年代からつくられている韓国のロボットアニメで、『マジンガーZ』のパクリであることが一目瞭然です。

他にも『稲妻アトム』『トンチャモン』『ワピース』『ラムバ3分の1』など様々なパクリアニメが存在しています。パクリ元はタイトルからもわかるとおり、それぞれ『鉄腕アトム』『ドラえもん』『ワンピース』『らんま1／2』であることは言うまでもないでしょう。

さらに〝韓国版ガンダム〟と言われている『宇宙黒騎士』、主役ロボットが『超時空要塞マクロス』のバルキリーに酷似したデザインの『スペースガンダムV』、『千と千尋の神隠し』に類似したアニメ映画『月光宮殿』といったパクリアニメが多数存在しています。

筆者が感心したものに『ポケモン』のキャラクターをパクった『パワーモン』というウインドウズ用ゲームがあります。アルファベットの綴りはそれぞれ『POKEMON』と『POWERMON』となり、パッと見ただけでは結構わかりづらい、実に韓国らしいやり口です。日本でもアダルトビデオでダジャレを効かせたタイトルがありますが、そういったユーモアもなく、騙すことに全力をかけているようです。

ネット黎明期の頃、韓国の著作権意識の欠落の問題は、日本映画やドラマなどのファン、嫌韓、オタクなど様々な属性のネット民の間でメインテーマの一つでした。筆者はこれらをネタ的に楽しんでいましたが、他の黎明期のネット民も同じように楽しんでいたのではないでしょうか。

近年では、韓国政府機関である「食品医薬品安全処（食薬処）」が、『ドラえもん』を「シクヤクエモン」として盗作したことが話題になりました。

ネット黎明期は、韓国のパクリおよび起源捏造の具体例となる画像が、電子掲示板「2ちゃんねる」のいたるところに貼られていましたので、オタクや嫌韓の人たちは早い時期から韓国の文化窃盗の実態を知っていました。

韓国によるパクリコンテンツはいずれもプラスアルファの要素が何もなく、ただパクっているだけです。知的な面白さがなく、パクリ元に対する愛や原作者に対する敬意もありません。だからこそ、オタク気質が強く、事情通で日韓間の歴史や韓国の実態を知っており、他者に対する配慮やマナーに敏感な者ほど、嫌韓になってしまうのでしょう。

これらのような事例が積み重なった結果として、オタクの間に嫌韓が醸成されたのです。八〇年代からオタクを続けてきた筆者の感覚では、オタクが嫌韓になるのは必然と言わざるを得ません。

日韓共催W杯とメディアタブー

オタクの人たちは、九〇年代から韓国による様々な被害に遭っていたので、韓国に対して良い感情を持っていませんでした。そして二〇〇二年、日韓共催W杯をきっかけとして、韓国の実態がオタクだけでなく、インターネットおよびスポーツファンの間にも知られることになったのです。また、この大会はマスメディアが日本社会の世論を支配していることが可視化されたイベントでもありました。マスメディアは日韓友好を演出するばかりで、実際に起こっていた様々な出来事を報じなかったのです。

開催国の一つであった韓国チームの試合では、ポーランド戦とイタリア戦、そしてスペイン戦と立て続けに韓国選手による多数のラフプレーにより、それぞれの国の代表選手が、流血したり入院に追い込まれたりするなどのケガを負いました。しかし、メディアはこういったラフプレーをほぼ報じませんでした。

かつて、都内に数店舗あったマンガ専門店「まんがの森」のCMでおなじみの故・飯島愛氏は、当時テレビで「どこのテレビもトッティの退場プレーがよくわかる背後からの映像を短くカットしてる。ずるいよ」「（マルディーニへの）蹴りが何でカットされてるの!?」「これじゃ抗議してるイタリアが悪いみたいじゃない！」「（奥寺康彦氏に対して）黙ってないで言いたいこと言って！　私が守ってあげるから」といった発言を行っています。

この発言はインターネットで大いに話題になりました。あの頃はテレビや新聞だけでなく、週刊誌やサブカル誌などすべてのメディアが韓国の悪行に沈黙し、偏向した韓国礼賛を行っていたのです。ここに、韓国批判が強固なメディアタブーであることが証明されました。

また、韓国チームにだけ有利な判定が出されるという誤審疑惑が起こります。そこでW杯を運営するFIFAは、中立の大陸から審判を起用するという慣例を破って、準決勝以降の試合は欧州出身の審判で固めるという対策を講じたのです。

二〇〇六年に発売されたFIFA公式DVD『FIFA FEVER FIFA創立100周年記念DVD』に収録されている特集「ワールドカップの10大誤審」では、この大会での韓国戦が四つも入るほどで、世界中にインパクトを残しました。

記録に残るほどの多くの誤審が共催国である韓国戦で起こったのですから、メディアが普通に機能していたのであれば、それについて専門家による侃々諤々とした議論を放送するでしょう。筆者は当時、この大会の報道についての情報収集にかなり没頭したのですが、そのような番組は見かけませんでした。

韓国は、選手だけでなく、サポーターの応援も酷いものでした。ポーランド対韓国戦前、自国チームを勝たせるため、ポーランドの宿舎前で騒いで眠らせないようにするなどの卑怯な手口を使ったり、ドイツ代表のFW＝ミロスラフ・クローゼやGK＝オリバー・カーン選手の遺影や、「ヒットラーの子孫たちは去れ！」というプラカードを掲げていました。世界中のスポーツファンが、韓国人のヘイトスピーチや横断幕、パネルなどを目の当たりにしたのです。

この大会での韓国の酷さについては、ヨハン・クライフ氏の「W杯の恥さらし国家。韓国は史上最低の開催国として歴史に名を刻むことだろう」という発言や、元イングランド代表のゲーリー・リネカー氏「一つ確かなのは今回の韓国の勝利に名誉が伴っていないことだ」といった発言など多くのスーパースターたちが、韓国が卑劣な手段を用いたことや、開催国として史上最低だったことについて吐き捨てています。

韓国の実態を隠しながら日韓友好を唱えるマスメディアは、当時まだネットに触れていなかった一般市民を騙すことはできても、ネット民やサッカーに関する様々な知識や審美眼を持つサッカー関係者およびファンを騙すことはできなかったのです。

筆者は若い頃は多くのスポーツマンガを読みましたが、ここまで卑怯なチームが登場する物語は読んだことありません。ましてや日本のマスメディアが「日韓友好」という美名の下、韓国の悪事を一切報じないのです。マンガでどのように描いてもウソ臭くなってしまうような出来事が、リアルで起こっていたわけです。

サッカーファンやネット民の間で、これらの実態を一般市民に伝えようとする言論がネットで盛り上がり、さらには「FAIR JUDGEMENT PLEASE」の看板や旗、自作Tシャツなどが応援席に溢れ返りました。

ところが韓国を擁護する人たちは、こういった事実を訴える行為を「差別」とみなしました。

また、先述の香山リカ氏の『ぷちナショナリズム症候群―若者たちのニッポン主義』のように、若者たちがスポーツの国際試合で日の丸を掲げたり、君が代を歌うことを批判する言説も起こりました。

自国チームを応援するにあたって、韓国サポーターのように相手選手にヘイトスピーチをぶつけるなどの異常な行為にまで発展するほどの「ナショナリズム」や「愛国心」を持つのであれば、確かに問題です。韓国サポーターの異常なナショナリズムについて批判するのであれば、筆者は賛同します。しかし、日本の若者たちが日本代表を応援することに対して批判的な人たちは、韓国の代表選手やサポーターが犯していた「がちナショナリズム」な様々な行為について、なぜか一切触れようとしません。本当に不思議です。

韓国の反日活動が激化するスポーツ

韓国は二〇〇二年の日韓共催W杯以降も多くの問題を起こしています。

「国際オリンピック委員会（ＩＯＣ）」のオリンピック憲章では、競技会場などでの政治的なものを含むあらゆる宣伝活動を禁じているのですが、韓国は国を代表する立場の選手がそのルールを破ってスポーツに政治を持ち込んでいます。

二〇〇四年に行われたＵ―23カタール国際トーナメントでの日韓戦と、二〇〇五年に行われたブルキナファソとの親善試合、二〇一二年に行われたロンドン夏季五輪サッカーの日本との三位決定戦などで、いずれもゴールを決めた後、「独島は私たちの地」と書かれたTシャツやボードを見せる〝愛国パフォーマンス〟を行いました。

領土問題について詳しくない海外の人たちは、「ルール違反をする人の主張なのだから間違っているだろう」と捉えるでしょうから、むしろネガティブ・キャンペーンにしかなっていないと思うのですが、いかがでしょうか。

このような〝愛国パフォーマンス〟は、野球の国際試合でも行われています。韓国は二〇〇六年と二〇〇九年の「ワールド・ベースボール・クラシック（WBC）」での日韓戦で勝利すると、試合後にマウンドに自国の旗を突き立てる〝太極旗パフォーマンス〟を行いました。

スポーツの根幹にあるのは、フェアプレーの精神と対戦相手に対する礼儀です。激しい戦いになっても、試合が終わればお互いの健闘を讃え合うのがスポーツの望ましいあり方でしょう。韓国の選手は、スポーツの場を「国家間の戦争」として捉えるばかりで、対戦相手に対する礼儀が微塵も見えません。

しかし日本代表チームは、二〇〇六年の大会では準決勝で六対〇で韓国に勝利し、二〇〇九年の大会でも決勝で五対三で勝利。礼儀なき韓国チームに対して、実力をもって勝利しました。

散々イキってきた韓国チームは、イキる対象である日本チームに敗北を食らってしまうという勧善懲悪物語のような結末に、礼儀を重んじる日本人はスカッとしたことでしょう。

フィギュアスケートでも、「フィギュア選手薬物傷害事件」が二〇〇六年に起こっています。同年十二月にロシアで開かれたフィギュアスケートグランプリファイナルで、韓国人工作員が体調を狂わせる目的で、日本人選手に薬物を飲ませたという事件です。優勝を狙える位置に着けていた浅田真央選手ら日本人選手三人は体調を崩し、代わって女子で優勝をさらったのは、ショートプログラムで三位に留まっていた韓国の金妍児《キムヨナ》選手でした。

翌年三月、この件でロシア検察庁は韓国人、宋元浩《ソウウォンホ》容疑者を傷害罪の容疑で逮捕したと発表しています。いくら勝利したところで、卑劣な手口を用いて獲得した勝利に価値もありません。それなのに韓国人は、なぜ卑劣な行為を繰り返すのでしょうか。

韓国の反日は歪んでいますが、反日が問題というよりも、韓国という国家と国民意識自体が歪んでいるのでしょう。また卑劣な行為を行うのは、そもそもスポーツ精神が重視されず、勝てばどんな無理でも通ると考えられているからのことだと思われます。

そして韓国という国は、スポーツと政治、愛国心がつながっており、彼らにとっては勝つことが国威発揚であり、どんな手口であれ勝てば世界から賞賛されると思い込んでいるようです。

そのような韓国および韓国人のスポーツ精神の欠落と歪な愛国心が結びついて、さらにそれが韓国の国是である反日へと昇華されて、日本に向けられているわけです。

日本人と韓国人の考え方はまったく違う。それをスポーツの国際試合の場で教えてくれている。日本人は謙虚な態度で、韓国および韓国人の考え方を理解する必要があるでしょう。

日本を追い続けた韓国文化

ドラマ、映画、音楽など、いずれの分野においても今や一大ジャンルとなっている〝韓流〟が、日本に流入し始めたのは、二〇〇〇年代前半の頃でした。

二〇〇二年に日韓共催W杯が開催されることから、マスメディアによる異常事態とも言うべき韓国推しが展開され、インターネットを楽しむサブカル／オタクの人たちの多くが、これに辟易していました。

そんななか、『フレンズ』（二〇〇二年）、『ソナギ～雨上がりの殺意』（二〇〇二年）、『STAR'S ECHO～あなたに逢いたくて～』（二〇〇四年）の日韓共同ドラマ三作品がテレビ放送されました。いずれも恋愛ドラマで、カップルの男性側を韓国人、女性側を日本人が演じています。

これは、冷戦時代の韓国が、政府管理の下で自国女性を性売買の商品として取り扱う「キーセン観光」を奨励してきた過去や、日韓の間で慰安婦問題も横たわっていたため、男性側を日本人、女性側を韓国人にすることが難しかったという事情によるものでした。

韓国では男女の恋愛において、「男性が日本人、女性が韓国人」という組み合わせが社会的に許されないのでしょう。ところが日韓の国際結婚のデータを見てみますと、韓国人男性と日本人女性よりも、日本人男性と韓国人女性の結婚のほうが多い傾向にあります。国際結婚というのは、経済的に貧しい国の女性が豊かな国の男性に嫁ぐケースが多いので、この傾向は至極真っ当と言えます。

こういった背景から韓国人には、せめてドラマのなかだけでもよいから韓国人男性と日本人女性の組み合わせがあってほしい、という思いがあるのでしょう。

そして二〇〇三年、韓国ドラマ『冬のソナタ』が日本でも放送され大ヒットしました。韓国は日本よりも数十年遅れた国と思われていたため、その空気感を懐かしく感じた中高年女性の間で話題となったのです。また、交通事故や記憶喪失など、日本のドラマや少女マンガなどで散々用いられたベタな物語展開も彼女らの胸に刺さったのでしょう。

本作によって、韓国人男性に夢中になる日本人女性という韓国人の願望が成就し、日本のマスメディアは『冬のソナタ』を起点とする韓流ブームを盛んに喧伝し盛り上げていくことで、日韓関係は安泰のように見えました。

ところが、これに黄信号が点滅します。『冬ソナ』盗作問題が勃発したのです。

まず、物語のプロットが日本のエロゲー『君が望む永遠』のパクリだと話題になりました。とはいえ、そもそも手垢がついたベタな物語展開ですので、もはやパクリ以前の話ではないかと思っています。

また、主題歌「最初から今まで」のサビが、日本のフォークデュオ＝雅夢の楽曲「愛はかげろう」（一九八〇年）に酷似していることが指摘され、さらにＢＧＭも藤原いくろう氏のアルバム『水の伝説』収録の「deep sea (winter sea)」に酷似していることが騒がれました。「最初から今まで」

の作曲者は後に盗作したことを認めています。

『冬ソナ』盗作問題は、韓流ファンおよび親韓派にとっては晴天の霹靂だったでしょう。しかし嫌韓ネット民の間では、また一つ具体例が増えたという感覚でした。すでに韓国による文化の窃盗や、起源捏造の問題が基礎知識となっていたからです。

韓国による日本のマンガやアニメの盗作についてはすでに述べましたが、当然ながらドラマの盗作も起こっています。韓国で一九九二年に放送されたテレビドラマ『嫉妬』は、『東京ラブストーリー』（一九九一年）に酷似しているとして韓国で抗議の声が挙がり、また一九九九年放送の韓国のテレビドラマ『青春』は、『ラブジェネレーション』（一九九七年）とキャラクターやあらすじ、演出技法までもが同じだとして、放送途中で打ち切りとなるなど大騒動になっています。

しかし面白いことに、韓国人はかつて日本の様々な作品を「韓国の真似」と信じ込んでいました。日本でも芸能活動をしていたユンソナ氏は、「ドラえもんは韓国のものだと思っていた」と語っていましたが、これが韓国人の一般的な感覚なのでしょう。

韓国では、日本のテレビ番組や日本語歌詞の楽曲の放送を法令で規制していたため、一般視聴者にパクリがバレることが少なかった。韓国のコンテンツ制作者が、プライドやこだわりを持っていないとするならば、日本の大衆文化を盗みたくなるのも無理からぬことだったのでしょう。

では、なぜ韓国は日本の大衆文化を法令で規制していたのか。

韓国は、一九一〇年の韓国併合によって日本の一地方となり、終戦までは日本の庇護の下で発展していきます。そして戦後も、国交回復した一九六五年以降、日本から経済と技術の援助を受け続けてきました。韓国は、一〇〇年以上も日本にコバンザメすることで発展してきましたから、文化の影響を色濃く受けて当然でしょう。

韓国が何か新しいものを生み出そうと思っても、先を走っている日本に目を向ければ常に答えがある状態でしたから、自力で新しいものを生み出す苦労をする必要がありませんでした。それは当然、ポップカルチャーにも当てはまり、ドラマやマンガ、アニメ、歌謡曲などパクれる分野は広範囲に及びます。

とはいえ、さすがにいつまでも規制を続けるわけにもいかないからか、韓国は一九九八年から二〇〇四年にわたって、段階的に規制を解除していきました。第一次開放で、日本のマンガと四大国際映画祭受賞映画が解禁され、二〇〇四年の第四次開放で日本の映画が全面解禁され、レコードやCD、テープなどの販売も認められるようになっています。

韓国による様々な文化剽窃と起源捏造

韓国が日本から盗んでいるのは、マンガやアニメ、ドラマ、ゲーム、玩具などの大衆文化だけではありません。ハイチュウやかっぱえびせん、きのこの山などの菓子類、お茶やジュースなどの飲料類、つけ麺、車のデザインやロゴマークなど広範囲に及びます。

現代自動車は、ホンダのロゴマークに意図的に似せていますし、三星《サムスン》電子は、桜や富士山によく似た山の映像を流して、視聴者に日本企業のイメージを植えつけるCMを流していました。『中央日報日本語版』（二〇〇六年一月三十一日付）では、三星電子が当時フランスで認知度調査を行ったところ、フランス人の六七％がサムスン電子を日本企業だと思っていたことを報じています。

韓国企業が日本企業のように見せかけるのは、日本が製品の品質の高さなどで築き上げてきたブランドイメージにタダ乗りするためでしょう。

韓国はこのように日本を利用している反面、竹島の不法占拠、韓国漁船が日本の排他的経済水域へ侵入して海産物の乱獲を繰り広げている漁業問題、日本製フルーツの無断栽培といった知的財産権侵害問題など、様々な場面で日本の領土や資源、財産の窃盗を行っており、これによって日本には深刻な経済的被害が出ています。

さらには、侍や刀、空手、剣道、といった日本の武術・武道、歌舞伎や折り紙などの日本の伝統文化、寿司や刺し身などの日本料理、その他にも様々なものを盗み、それらを韓国が起源だと捏造しています。

では、彼らはどういった理屈で起源捏造を行っているのでしょうか。

朝鮮半島は日清戦争後までずっと中国の属国であり続けたことから、韓国では華夷《かい》秩序と儒教思想が絶対であり、彼らは中国を父、韓国を兄、日本を弟と考えています。

そして彼らの「正しい歴史」によれば、野蛮な日本には独自の優れた文化なんてあるわけがなく、あるのは下劣で低俗な文化のみという考えになります。だから韓国では、世界に知られている優れた日本文化は、すべて韓国が日本に教えてあげたものでなければならない、ということになるのです。

しかしその実態は、日本の大衆文化を盗みながらも、その反面、法令で規制していたことから、盗んでいることがバレない状態が続き、日本の伝統文化の起源を捏造して自分たちの文化であるとしていたわけです。

韓国の反日エンターテインメント

筆者は、世界の様々な国のヘヴィメタルを聴きますが、ここには韓国出身のバンドも含まれます。二〇〇〇年代初頭に手に取った作品のなかに、「ブラックホール」という古参バンドのアルバムがあり、これが一枚のなかに様式美スピードメタルやポップソング、バラード、そして演歌なメタル曲ありと、バラエティ豊かで面白い内容でした。そのなかに収録されている演歌なメタル曲を笑い転げながら聴いていたのですが、その楽曲はいったいどんなことを歌っているのだろうと、ふと気になってハングルの曲名を検索にかけたところ、驚きました。その楽曲は「大地の港、独島そしてソウル」というタイトルだったのです。さらに調べてみたところ、同楽曲は、白年雪《ペクニョンソル》「大地の港」（一九四一年）と、鄭光泰《チョングァンテ》の「独島は我が領土」（一九八二年）を合体させたカバー曲であることがわかりました。このことを知ったとき、非常に腹立たしく、また自分のバカさを嫌悪しましたが、今では笑い話です。

さて、韓流ファンのなかには、筆者と似たような経験をしている人も少なくないかもしれません。というのも、韓国ではドラマや映画、小説、マンガなど「反日エンターテインメント作品」が多数つくられているからです。

日本にはいろいろなマニアがいますが、韓国の反日エンタメを観て冷笑する集まりもあるようです。韓国の反日エンタメは荒唐無稽でネタとして楽しむ分には構わないのですが、世界に拡散する反日プロパガンダのツールとして利用されている実態があることを、まず考えておく必要があります。

他国の人たちは、日韓間の歴史事実を知りませんし、反日エンタメを観た後に調べたりもしないでしょう。ウソか本当、どちらでも構わないという軽い気持ちで、日本は酷かった、というイメージだけが残りやすいわけです。

韓国政府が狙う日本のポップカルチャー

フランスでは二〇〇〇年から毎年、日本文化の総合博覧会「ジャパンエキスポ」が開催されています。初回の来場者数は約三〇〇〇人でしたが、近年は約二十五万人にまで激増している大規模なイベントとなっています。

同イベントは、日本文化をテーマにした総合博覧会なのですが、ここに韓国が潜り込んで、フランスで好意的評価を受けている日本のポップカルチャーに寄生する活動を始めたのです。

二〇〇五年、韓国・光州広域市が、パリで「キムチ・フェスティバル」を開催することを目論んだのですが、衛生上の問題でパリ市の許可を得られず、開催できませんでした。この後、韓国はフランスで韓国文化を宣伝する場として「ジャパンエキスポ」を利用するようになります。主催者からの許可を取らずに太極旗を掲げたり、日本とは関係のない大量の韓国人作家をゲストとして招聘したり、挙句には「日本のマンガの起源は韓国の〝マンファ〟（韓国ではマンガのことを〝マンファ〟と呼びます）である」と主張するまでになりました。いつもの起源捏造です。

ここに至って、運営側による「ジャパンエキスポの名称と合わない」などの意見があったことの報告と、それに対する協議を行うことを公式にアナウンスする事態にまで発展しました。

その後も韓国は、「ジャパンエキスポ」の名称を「コリア―ジャパンエキスポ」もしくは「アジアエキスポ」に改名するよう要求します。もちろん、そんな要求が通るわけがありません。

二〇〇九年、韓国は大統領直属の機関として「国家ブランド委員会」を設立しました。これを機に税金を投入して、世界中で行われている日本文化イベントに寄生するようになります。「ジャパンエキスポ」もその被害を受け、公式に韓国のドラマやＫ―ＰＯＰが紹介される事態にまでなってしまったのです。

そして二〇一一年、韓国の政府機関「韓国コンテンツ振興院」が「韓国のマンガ関連コンテンツの情報だけ展示した」と、その実態とも「ジャパンエキスポ」の趣旨とも外れるデタラメな言い訳を述べたことなどによって、「ジャパンエキスポ」では二〇一二年以降、韓国関連のものが公式から一掃されてしまうという事態になってしまいました。

しかし韓国はその後も、日本の国旗を掲げながら、韓国のアイドルの映像を流したり韓国グッズを販売するなどの行為を続けており、イベントに来場するフランス人は混乱しているようです。

これに対して、韓国では「日本だけで商売ができないから助けてやっている」「日本人がK―POPをパクった」などと述べる意見もあったようです。

フランスを舞台にした反日プロパガンダ

フランスのアングレーム市では、一九七四年から毎年一月末にヨーロッパ最大級の規模を誇る「アングレーム国際漫画祭」が開催されており、近年では毎年二十万人以上を動員する規模のイベントに成長しています。

この漫画祭では、バンド・デシネおよびフランス語に翻訳して出版された作品に対して最優秀作品賞以下各部門ごとの表彰が行われるのですが、二〇〇〇年頃からフランスでも日本のマンガが増え始めてノミネートされるようになります。二〇〇七年には、水木しげる『のんのんばあとオレ』が最優秀作品賞を受賞しました。

二〇一四年、この平和で文化的なフェスティバルに韓国政府が乗り込んで、反日イデオロギーを内包するマンファを出品して日本バッシングを行ったのです。

同年に開催された第四一回同漫画祭のテーマは、第一次世界大戦一〇〇周年として「漫画、世界への見方」というものでした。ここで韓国は、韓国政府が教育・広報用に製作した慰安婦のマンファを出品、さらには韓国の作家団体が加わって、日本を攻撃する目的の「旧日本軍の慰安婦被害者韓国漫画企画展―枯れない花」という企画展をしました。ところが展示された作品の多くは、旧日本軍兵士が少女を慰安所に強制連行して暴力を振るうといった韓国の政治イデオロギーに即したものでした。アニメも四点展示され、『Ｈｅｒ Ｓｔｏｒｙ』というアニメは、兵士にアヘンを注射され中毒になって抵抗できなくなった少女が慰安婦として日本兵に犯され、終戦になると日本軍が証拠隠滅のために彼女らを殺害するというフィクションなのですが、韓国はこれを実話として上映。これらの反日プロパガンダを信じ込んだ見学者もいたようです。

韓国は官民総出で反日プロパガンダに精を出し、他国の文化イベントを冒涜しているのです。

K‐POPと韓国の国家戦略

二〇〇〇年代初頭から、韓国ドラマと肩を並べるように、「Ｋ―ＰＯＰ」が日本に流入してきました。K—POPとは日本のメディアによって名づけられたものです。韓国の音楽は、韓国内では「歌謡（カヨ）」と呼ばれ、K—POP含む韓国の他のポップカルチャーと同様に、日本のポップカルチャーの影響を大きく受けています。

日本でK—POPが目立ち始めたのは、日韓共催W杯の少し前の二〇〇〇年頃でしょうか。韓国は音楽市場の規模が小さく、また内需も低いため、国内だけでの活動では利益が上げられません。その反面、隣国である日本の音楽市場の規模はアメリカに次ぐ世界第二位の位置につけています。しかも、二〇〇〇年頃はマスメディア総出で親韓ムードを演出していました。

そういった状況から、韓国は市場規模の大きい日本で稼ごうと企て、日本語で歌う韓国人歌手が日本の音楽シーンに参入してきたのです。またこれには、親韓ムードに乗っかって、利益を得ようと目論む日本側の音楽産業従事者らの意図もありました。それに加えて日本語と韓国語は文法が近く、さらには日本発祥の言葉も韓国に輸入されていたこともあって、日本で音楽ビジネスを行うことに容易な環境が揃っていたのですから、外貨を稼ぎたい韓国としては乗らないわけにはいかないでしょう。

K—POPが盛り上がり始めたのが二〇〇五年です。日本では『冬のソナタ』ブームの終了とともに韓流ドラマブームも終了しましたが、同ブームと入れ替わるように、K—POPブームが到来します。この頃のK—POPは、日本のテレビ局からは「安く買えて視聴率を稼ぐコンテンツ」とされ、韓国とのウィンウィンの関係が構築されます。

ところが、二〇〇八年に世界的なリーマンショックが起こり、韓国もその煽りを受けて国家的な経済危機に陥ります。K―POPが日本で利益を上げていたことから、韓国政府は韓流の有用性を認識し、自国の経済危機からの脱出、日本市場の攻略、東南アジア市場開拓といった課題に対する策として、これを輸出していく方針を固めます。

そして、二〇〇九年に大統領直属の国家機関「国家ブランド委員会」や「韓国コンテンツ振興院（KOCCA）」を立ち上げて、国家戦略として「韓流ビジネス」を推し進めていくことになり、その中核としてK―POPが据えられました。そこから、経済成長戦略の中核となったK―POPには、莫大な国家予算を投じられることになりました。

情報知識が欠如する若年層

私たち日本人は基本的に政治と文化を切り離して考えますが、韓国では政治とポップカルチャーは切り離せない関係にあります。

すでに述べましたが、韓国は反日を国是とする国であり、小説やテレビドラマ、映画、〝マンファ〟など、ほとんどすべての媒体で反日作品がつくられています。であれば当然ながらK―POPも反日と無縁というわけにはいきません。

『独島は我が領土』（鄭光泰のカバー）や『東京は我らの領土』、『FUKk zAPAN』といった反日ソングが歌われており、また二〇〇一年には、日本で開催されているイベント「フジロックフェスティバル」で、韓国のロックバンドが日本国旗を引き裂くパフォーマンスをやらかしています。

日本で活動する韓国のタレントやアイドルグループは、韓国のマスコミから「竹島はどこの領土か？」などと訊ねられます。真っ当な感覚であれば、日本のファンのことを思いやって、「二国間の有識者で話し合って結論を出す問題」と述べるのが一つの正解でしょう。しかし、彼ら彼女らは反日発言をしなければなりません。でなければ、「親日派」のレッテルを貼られて、芸能活動ができなくなる事態に発展しかねないからです。

韓国ではこのような「踏み絵」が行われ、日本で活動する韓国の芸能人は、国民から強烈な愛国心および反日精神を要求されるのです。

筆者は、無理やり言わされていて可哀想だと思うのですが、その反面、日本では愛想を振りまき、韓国では反日発言を行うという韓国のタレントやアイドルグループの裏表ある態度は、非常に残念だとも思います。結局、それは保身なのですから。

二〇一一年、韓国政府機関の国家ブランド委員会が、広告代理店を通じてYouTubeなどの動画投稿サイトで、K―POP関連の再生回数を上げるインターネット工作活動をしているという疑惑が、日本のマスメディアで取り上げられました。これに対し、国家ブランド委員会の事務官が「大衆文化を国家がコントロールするのは常識的にあり得ない」と表明しました。しかし、韓国政府は「Voluntary Agency Network of Korea（VANK）」という団体に公金を支出しており、同団体は「ゴリ押し」と言うべき、K—POPの宣伝活動を行っています。

VANKとは、世界中に韓国の正しい姿を伝えるため情報宣伝工作活動を行うことを目的として、一九九九年に設立された民間団体なのですが、同団体は二〇〇五年から日本の地位を失墜させることを目的とした「ディスカウントジャパン運動」を提唱し、現在に至るまで、十万人と言われる莫大な会員によるサイバー攻撃などの活動を続けています。

最近は、二〇二〇年の東京五輪の嫌がらせとして、防護服姿の人が聖火リレーで走る姿を描いたポスターを製作・拡散していることが報じられました。これは、日本人に対する悪質なヘイト活動であり、また五輪憲章にも違反すると思われる行為です。

VANKとは、こういった手口を用いる団体ですから、K—POPの宣伝活動においてもインターネットでの悪質な工作に対する関与が指摘されています。

二〇一二年、YouTubeにアップされた「PSY」という韓国歌手のPV「江南スタイル」の再生回数が二ヵ月弱で四億回以上再生され、連日チャート一位をとるという異常な事態が起こりました。ぽっと出の無名アーティストの無名の楽曲が、大物アーティストよりも上に立ったのです。

そこで、YouTube側が動画のクリック回数よりも視聴時間重視に変更した結果、「江南スタイル」は一夜にしてチャート圏外に落ちたのでした。この仕様変更は、「F5連打作戦」というK—POPの再生回数水増しに対する〝戒告処分〟だったのです。

そして近年も、ビルボードや米iTune、YouTubeなどの様々なチャートの上位に、日常的に名前さえ聞いたこともないK―POP歌手が上がっているのですが、これについても、自社で音源を買い占めて他国のチャート上位にランキングさせたり、有名なチャートでも競争率が低いところを選んで、集中的に組織活動を行ってランキングを上げるといった様々な工作活動の結果に過ぎないとさえ思えます。

音楽に詳しい人たちは、早い時期からK―POPの工作活動の実態に注目しており、情報強者や音楽のオタクであればあるほど、嫌韓、嫌韓流になってしまうのも無理からぬことではないでしょうか。K―POPで行われている様々な工作活動は、世界中で問題視されているのです。

このような手口によって、世界中で人気があるように見せかけているK―POPとは、もはや文化を用いた侵略行為と言っていいでしょう。韓国はその文化侵略を、国家予算を投じて推し進めているのです。

古家正亨氏というK―POPの専門家は、以下のように述べています。

〈大学生たちに韓国文化を教える立場からすれば、最近の若い世代は韓国に対する知識がほとんどない〉

〈韓国の音楽を聴いて韓国という国についてもっと詳しく知りたかった私とは真逆だ。初期の韓流ブームを引っ張ってきた中高年層が最近の政治的問題で、韓国と距離を置くようになったことと対比される部分でもある。

若いK―POPファンは文化と政治は関係ないというが、だからこそ時間が経つにつれ、いろんな方面で悪影響が出るんじゃないかという心配がある。

極端にいえば、彼らがK-POPに興味を失った瞬間、大変なことが起きるかもしれない〉（「スポーツソウル」二〇一九年五月二日）

筆者は古家氏のこの意見に非常に共感します。さて、韓国という国に興味を持たない若い世代のK―POPファンが韓国に対する知識を身につけたとき、どのように受けとるのか。それでも「日韓友好」と言えるのか、それとも「騙された」と思うのか、非常に興味深いところです。

第4章 左派に苦しめられるオタク

「『おとこ道』事件」であぶり出された偏見

一九七〇年、『週刊少年サンデー』（小学館）に連載されていた『おとこ道』（原作：梶原一騎、漫画：矢口高雄）を巡る「『おとこ道』事件」が起こりました。

本作は、ヤクザである父の子分に育てられた主人公が、様々な人との出会いによって愛と武士道精神に目覚めていく姿を描いた成長物語です。ところが連載が開始されてすぐに、「日本朝鮮研究所」という団体から、戦後の混乱期の描写が問題であるとして抗議を受け、しばらくして連載打ち切りとなってしまいました。では、どういった描写が問題視されたのでしょうか。

〈「……最大の敵は、日本の敗戦によりわが世の春とばかり、ハイエナのごとき猛威をふるい始めた、いわゆる第三国人であった。!!」〉（『週刊少年サンデー』一九七〇年八月三〇日号）

〈「殺られる前に殺るんだ　三国人どもを!!」〉（同前）

本作の序盤でこのようなセリフがあるのですが、同研究所が言うには、**〈「日本の敗戦につけこみ、横暴をほしいままにし、暴利をむさぼる朝鮮人・中国人「退治」の物語という構成になっている」〉**（『朝鮮人差別とことば』明石書店、一九八六年、「抗議と要求文」から引用）ことが問題で、さらには**〈「『三国人』を『退治』する『この男』は、（中略）それを実行する人物であることは完全に誤りで、社会的に有害である」〉**として、本作の誤りを認めて内容を取り消し、在日に謝罪し、さらには掲載を即時中止せよと約半年間ものあいだ、糾弾を続けたのです。

しかし、朝鮮の人々が**〈日本の敗戦によりわが世の春とばかり、ハイエナのごとき猛威をふるい始めた〉**ことが事実であることは、今さら言うまでもありません。当時、朝鮮の人々は、全国各地で様々な犯罪事件を起こしており、それらの記録も残されているのです。

朝鮮の人々は韓国併合以降、三十五年もの間、日本国民として恩恵を受け続けてきました。それにもかかわらず、手のひらを返して日本人を虐待したのです。裏切られ、さらには虐げられている被害者の日本人が、加害者として横暴に振る舞う「第三国人」を退治する物語は、道徳的にも極めて真っ当なものです（本作で「第三国人」を退治しているのはヤクザですが、これは史実に基づく設定でしょう）。筆者には、いったい何が問題なのかわかりません。

さて、同「抗議と要求文」には以下のように書かれています。

〈「敗戦当時、日本に居住していた在日朝鮮人・中国人は、植民地支配と侵略戦争によって強制ないしは、なかば強制的に日本に連行されてきた人たちとその子供たちで、日本帝国主義の犠牲者

以外のなにものでもない」〉（『朝鮮人差別とことば』から引用）

これはまったくのデタラメです。敗戦当時、日本に居住していた在日朝鮮人・中国人は約二〇〇万人とされていますが、そのうち徴用の時期である一九四四年九月から一九四五年九月のあいだに内地に連れてこられた者は、厚生省の統計では九万九四三四人、内務省の統計では一一万四四九一人に過ぎず、つまり二〇〇万人のうちの一〇万人程度。二〇分の一です。

そして終戦後、朝鮮人人口は二〇〇万人から六〇万人まで減少しています。普通に考えて、日本に留まった朝鮮の人々とは、徴用以前から内地に出稼ぎに来ていた人であり、徴用で内地にやってきた人たちはそのほとんどが故郷に帰っていると見るべきでしょう。

余談となりますが、一九五九年七月十三日付『朝日新聞』によれば、同年の外務省「在日朝鮮人の引揚に関するいきさつ」にて、約六十一万人の在日朝鮮人のうち、戦時労務者として徴用されて日本に残っていた者は、二四五人に過ぎないと発表したことが報じられています。徴用された人たちは、その九九%以上が祖国へ帰っていたという統計が出ているのです。

つまり、現在も日本に残っている在日韓国・朝鮮人とは、戦前に出稼ぎなどでやってきた者と戦後に密入国してきた者の二通りで占められており、また彼らの子孫を加えたのが、オールドカマーの在日韓国・朝鮮人なのです。

さて、筆者がこの「『おとこ道』事件」を知ったのは、在日問題としての切り口からではなく、マンガについて論じた『差別と向き合うマンガたち』（臨川書店、二〇〇七年）という書籍からでした。同書は三人の共著であり、『おとこ道』に関する部分は表智之氏が執筆しています。

残念なことに、表氏による「『おとこ道』事件」の記述は非常に偏向しており、また歴史事実をまったく理解していませんでした。同書には、

〈本来は終戦によりただちに権利を回復されるべきだった朝鮮人を、日本警察は国籍保留の要注意集団と位置づけ、引き続き監視下に置こうとした。そういった日本警察の策動が『(第)三国人』をめぐるデマの背後にあることを、『朝鮮人差別とことば』(内海愛子、梶村秀樹、鈴木啓介編　明石書店、一九八六年)は明らかにしている〉

と書かれていたのですが、まずそもそも終戦直後の主権を持っていない日本が、朝鮮の人々の権利回復を行うことはできません。また前述のように、終戦直後に朝鮮人が起こした犯罪事件の記録も全国各地に多々残されていることから、警察が彼らを要注意集団と位置づけることは、罪なき市民を守ることが使命である警察としてはやむを得ないことだと思うのですが、いかがでしょうか。ところが表氏は、これを「日本警察の策動」と言っているのです。大元の文章の受け売りでしょうけれど。

また、**〈「闇市と朝鮮人を不当に結びつけるデマゴギー」〉**とも書いていましたが、闇市における在日朝鮮人の存在が大きかったことは動かしがたい歴史事実です。それを「不当」「デマゴギー」と切り捨てているということは、朝鮮の人々は闇市と一切関わっていないと言いたいのでしょうか。

また、**〈作品の主題からすれば、朝鮮人を悪役にする必然性はもとよりない〉〈作品にとっても**

意味のない差別表現〉とも書かれていましたが、筆者はそう思いません。

原作者の梶原一騎イズムの根っこにあるのは、日本男児としての生き方や武士道精神です。そしてその真逆の存在が、終戦後しばらく続いた混乱のなか、苦しむ日本人に対して様々な悪事を行っていた「第三国人」の人たちと言っていいでしょう（もちろん全員が悪事を行っていたわけではないとしても）。

であれば、おとこの生き様を描く物語において、様々な悪事を行っていた「第三国人」を最初に出したことは、非常に大きな意味があったと筆者は考えるのです。

そもそもの話ですが、本作『おとこ道』はドキュメンタリーマンガやノンフィクションマンガと銘打っておらず、あくまでもフィクションマンガです。論点とされる闇市に関する朝鮮の人たちの話は、数多くの当事者の証言が残っているのですが、作家は証言を元にフィクションマンガを描いてはいけないのでしょうか。完全な事実がなければ、フィクションマンガすら描くことが許されないのでしょうか。それとも、朝鮮の人たちが加害者の場合のみ、フィクションであっても描くことが許されないということなのでしょうか。

表氏は、前述の『朝鮮人差別とことば』を元に、先述の「抗議と要求文」や理屈を引用していますが、同書には、日本の高校生が朝鮮学校の生徒に暴力を振るわれて苦しめられているという日本の高校生の証言も資料として掲載されていました。しかし同書では、朝鮮学校の生徒が振るっている様々な暴力について一切問題にしておらず、被害者である日本の高校生の認識のほうに問題があるかのような書き方で、日本人に対する差別意識も透けて見えます。表氏は、これと同様の差別意識を持っているのであれば、非常に残念です。

同書『差別と向き合うマンガたち』は、二〇〇七年に出版されています。筆者のようなマンガ家が、左派や在日の捏造歴史やその手口について、事実をもって是正に励んでいる頃、マンガ研究家の肩書きを持つ表氏が、差別を語りながら差別を行っている本（『朝鮮人差別とことば』）を肯定的に論じている、というあまりに逆説的な構造に呆れるほかありません。

こういった人たちによって、日本人＝加害者、韓国人・在日＝被害者と決めつける人間が跋扈《ばっこ》し、いつまで経っても捏造された歴史が是正されず、言論や表現の自由が縛られ、問題が再生産され続けているのです。

「反体制」と多様性

一九九九年十一月十二日、皇居前広場で「天皇陛下御即位十年をお祝いする国民祭典」が開催され、ＸＪＡＰＡＮ（当時は解散していました）のリーダー＝ＹＯＳＨＩＫＩが自身で作曲した「奉祝曲」を演奏したことが大きな話題になりました。

これに対し、東京大学教員有志の人たちが、ＹＯＳＨＩＫＩへの「公開質問状」を出しています。その概要を簡潔に述べると、この祭典は戦争をする国づくりに向けたイベントであり、出席者は「動員力」だけで選ばれ、権力に利用されているという見方を東京大学教員有志の人たちがしており、その歪んだ認識のもとで、どういうつもりで作曲し演奏するのか問いただすというものです。

この質問状は、「ロック＝反体制」という政治思想も内包していました。ここでの「反体制」には、「反国家（反日）」も含まれます。だからこそ、YOSHIKIが日本国の象徴である天皇陛下の御即位十年をお祝いする国民祭典で「奉祝曲」を演奏することに対して、批判するのです。

さて「反体制」のスタンスは、ロックだけでなく狭義の労働歌や反戦フォーク、パンクなどでも見られ、昭和時代が終わるあたりまでは当たり前とされていました。当時の一般世論は「反体制」が当然であり、また格好良いものとされ、コンテンツもそれに基づいて（あくまでも無意識に）生み出されていたのです。

しかし、「反体制」が当然とされるのであれば、それはもはや「体制」と言って差し支えありません。であれば、それに抗うことこそが、本当の「反体制」と言えるのではないでしょうか。

そもそも、YOSHIKIが率いるX JAPANは、他の日本のロックミュージシャンがテレビの音楽番組に出演しないことが格好良いとされていた時代に、積極的に出演していました。彼らは、既存のミュージシャンとは真逆のことをやっていたのです。X JAPANは本当の意味での「反体制」のバンドだったことを、ここで述べておきたいと思います。

一九九七年から毎夏開催されており、二〇〇組を超える国内外の有名アーティストが集結する日本最大級の野外音楽フェス「フジロックフェスティバル（フジロック）」というイベントがあります。

同イベントは、音楽と政治の紐づけが未だに根強く残っており、トークコーナーで扱ったテーマが非常に政治的なものだったとして、二〇一六年に物議を醸しました。安倍政権倒閣運動を展開していた左派学生団体「ＳＥＡＬＤｓ」の奥田愛基氏の名前があったことで、インターネットで「音楽フェスに政治を持ち込むな」などといった拒否反応が多く見られたのです。これに対して擁護側は、そもそもフジロックとは、ステージ上で政治イデオロギーを主張する場であり、「政治を持ち込むな」と言う人は、フジロックを知らない人として切り捨てました。

ところがこの前年の二〇一五年、フジロックで椎名林檎氏のステージで騒動が起こっています。椎名氏はオフィシャルグッズとして旭日旗を売っており、それをファンが振り回していたところ、前述のトークコーナーに毎年呼ばれている登壇者や政治左派・在日団体が猛反発し、旭日旗バッシングを行ったのです。いやいや、フジロックとは「ステージ上で政治イデオロギーを主張する場」ではなかったのでしょうか。そもそも旭日旗を掲げる行為は、政治イデオロギーですらないのですが……。

つまり、彼らにとって音楽フェスに持ち込んでよい政治イデオロギーとは、彼らが信奉する左派・反日のものだけであって、その逆の立場である右派・親日を持ち込むことは一切許さないのです。

フジロックは、「反体制」という名の「昭和時代からの古い体制」がいまだに染みついているフェスティバルと言えるでしょう。

政治を持ち込んでよいのであれば、左右どちらに対しても平等に扱ってほしいものです。これでは多様性がないと言わざるを得ません。

サブカルと「ヘイト」

黎明期の嫌韓には、オタク系とサブカル系の二系統の影響が色濃く出ています。

ここで言うサブカル系とは、メインカルチャーに反抗するサブカルチャーのなかの狭義のサブカルチャーのことを指します。具体的には、アンダーグラウンド演劇や、かつての『ガロ』系のマンガ、有頂天や筋肉少女帯を輩出したインディーズレーベル「ナゴムレコード」などの音楽、ドラッグや強姦、屍体、自殺、ゲテモノなどを扱った鬼畜・悪趣味系、デタラメな妄想や主張を楽しむ電波系などでしょうか。サブカルにおいては露悪趣味がわりと前面に出ていましたが、正直なところ筆者にはよくわからない世界です。

かつて購読していたサブカル雑誌『GON!』(ミリオン出版)では、不味いジュースやゲテモノ料理、心霊スポット、廃墟といった題材がしばしば特集されており、筆者は、エロ雑誌に路線変更した末期までダラダラと買い支えました。

筆者にとってのサブカルとは、『モビルフォースガンガル』（マルイ）や『太陽系戦隊ガルダン』（イマイ）などのパチもの模型、コスモスなどのガチャガチャ、ケイブンシャの大百科といった子ども文化の延長線上のネタです。前述の『GON！』を購買するようになったのも、マンガをサブカル的に扱った『コミック・ゴン！』がきっかけでした。

ともあれ、サブカルについての説明を済ませたところで、本項のテーマであるサブカルにおける嫌韓の話に行きましょう。

最初に述べたとおり、黎明期の嫌韓には、オタク系とサブカル系の二系統の影響が色濃く出ており、前者のオタク系は、韓国からの様々な不愉快極まりない被害を受け続けてきたことから、ディープなオタクのあいだでは、早い時期から自然に日韓間の問題や韓国についての実態が認識されており、韓国を嫌う人は少なくありませんでした。

そして後者のサブカル系では、サブカル界の大御所であり「特殊漫画家」の根本敬氏と、湯浅学氏、船橋英雄氏の共著による『ディープ・コリア』（ナユタ出版会、一九八七年）という金字塔的な書籍が存在しています。

その『ディープ・コリア』にまつわる議論が二〇一八年に起こり、その翌年、根本氏についての論考が記された二冊の書籍を見かけました。

まずは、ロマン優光氏による『90年代サブカルの呪い』（コアマガジン、二〇一九年）。サブカルについてのエリート意識を持つ著者による90年代サブカルを論じた内容で、『ディープ・コリア』

については、根本氏の執筆スタンスから「ヘイト本」ではないとしつつも、韓国に対して負の感情を持つ読者が存在する現在においては、「ヘイト本」として機能してしまう本であると思う、と論じています。

そしてもう一冊が、香山リカ氏による『ヘイト・悪趣味・サブカルチャー根本敬論』（太田出版、二〇一九年）。本書にて、鬼畜系「特殊漫画家」根本氏とその作品が、読者層の変化によって露悪趣味が拡大し、その結果「ヘイト」を生んだという説が論じられているようです。

実際、『ディープ・コリア』や、サブカルの楽しみ方である対象とされるもの（ここでは韓国）を笑うというスタンスが、黎明期の嫌韓ネット民の土台となっていることは否定できません。

とはいえ嫌韓は、早い時期に美味しいネタを食い尽くし、そのうえ、二〇〇〇年代後半頃から「ビジネス右派」とされる人たちおよび既存右派が流入し、嫌韓のテーマは歴史・文化から政治・経済へと移行していきました（これについては5章で論じます）。それらのことから、少なくない黎明期の嫌韓ネット民が、嫌韓市場から距離を置き始めたと言っていいでしょう。

そして、右派市場を形成する現在のビジネス右派と、その彼らを支持する人たちに、サブカルの文脈があるとは思えません。筆者も、サブカルを楽しんだ時期はありましたが、そのジャンルの一つである鬼畜・悪趣味系については流し見した程度であり、あまりに浅過ぎる知識しかありません。最初に述べたとおり、筆者にはよくわからない世界です。ですから、鬼畜・悪趣味系と「ヘイト」は関連があるのか、判断できないというのが正直なところです。

露悪趣味出版物は右派か？

サブカルチャーとオタクは対立しているという論説があります。ここでいうところのサブカルチャーとは、前項でいうところの狭義のサブカルではなく、ロックやシティ・ポップ、ヒップホップなどの若者向けとされる音楽や、クラブ、ストリートファッション、映画といった広義のサブカルチャーのことを指します。オタク文化もサブカルチャーの一部なのですが、とりあえず、この対立しているという論説においては除かれています。

両者が対立するきっかけとなったのが、本書の「まえがき」で述べた中森明夫氏によるサブカルからの蔑称としての「おたく」の呼び名およびオタクへの過剰な罵倒でした。

そしてオタク側からは、オタク思想をリードする立場である〝オタキング〟こと、岡田斗司夫氏が『オタク学入門』（太田出版、一九九六年）にて、日本のサブカルチャーを敵視する論説を述べています。

その要旨を簡潔に述べると、日本のサブカルチャーは、アメリカのモノマネであり、世界にまったく評価されておらず求められてもいないが、その唯一の例外が「オタク文化」であり、世界で求められている。

そして、オタク文化はサブカルチャーではないと述べています。その理由として、日本は海外と違って、子どもに寛大な文化があるから「大人社会に対する反抗」（＝カウンターカルチャー）が生まれず、カウンターカルチャーからサブカルチャーへと進化もしない。

子どもに寛大な文化があるとする日本の「子ども向け文化」では、子どもを一人の人間ととらえ、一人前のものを与えるから、オタク文化は自由に描かれてきた。そのうえで、日本のオタク文化は、子ども向けで誰もが楽しいという間口の広さと、そこに深いテーマやドラマを入れることができた。だから、オタク文化は子ども文化の形を借りた総合芸術である、というようなことが論じられています。

同書ではさらに、西洋文化の系譜にある日本の「サルマネ・サブカルチャー」と、東洋文化の系譜にある「おたく文化」は、「文化の東西対立」があるとする図も掲載されています。

中森氏と岡田氏の二人の主張によって、サブカルチャーとオタクの対立が可視化されたわけです。

筆者は1章でオタク文化が海外で評価されていることを、2章でオタク文化は日本の伝統を扱っていたことや日本愛が強まっていることと、戦後、格好良いとされてきた海外の文化が後に斜陽化したことをそれぞれ述べました。

そして、オタク文化に対抗する日本のサブカルチャーは、アメリカのサルマネとする論を組み合わせて、サブカルチャーというジャンルを左右の政治思想に当てはめると、左派側に位置することとなります。

次の「サブカルチャーVSオタクの対立構造」のように仮定すると、オタク側が発展していることと、サブカルチャー側が斜陽化している事情も見えてきます。

◉サブカルチャーVSオタク文化の対立構造

オタク文化
日本文化がルーツ、右派　↓　大きく発展

⟷ VS

サブカルチャー
海外文化がルーツ、左派　↓　斜陽化

さて、前項で『ディープ・コリア』をはじめとする根本氏の作品から露悪趣味が拡大し、「ヘイト」を生んだという香山氏の説を紹介しましたが、筆者はこの説を知って、まず『ディープ・コリア』と『中国の旅』（本多勝一、朝日新聞社、一九七二年）の類似性を感じました。後者の『中国の旅』とは、露悪趣味が前面に出た旅行取材記です。

こういった旅行取材記は、海外旅行が一般化し始めた七〇年代から増え、そのなかには、戦前日本の戦争犯罪を探しに海外へ向かうというジャーナリストや作家も少なくありませんでした。まだ日本に返還されていなかった頃の沖縄を取材した『沖縄ノート』（大江健三郎、岩波書店、一九七〇年）や、前述の『中国の旅』、済州島で慰安婦の強制連行を行ったとする『私の戦争犯罪』（吉田清治、三一書房、一九八三年）などがこれにあたると言っていいでしょう。六〇年代頃から、戦前日本を断罪する出版物が目立ち始め、反日イデオロギーに基づくウソの記述が盛り込まれた醜悪な出版物が増え、楽しまれていたのです。

韓国や在日が絡んだ反日を企図したウソの記述が盛り込まれている出版物と言えば、日本が強制連行を行ったとする『朝鮮人強制連行の記録』（朴慶植、未来社、一九六五年）、「従軍慰安婦」という造語を定着させた『従軍慰安婦〝声なき女〟八万人の告発』（千田夏光、双葉社、一九七三年）、そして前述の『私の戦争犯罪』などがその代表格でしょうか。

こういった取材旅行記や、韓国や在日が絡んだ出版物の影響下に『ディープ・コリア』があると考えられます。そしてこの系譜が九〇年代サブカルの露悪趣味へと進化していったことは、実に自然なことではないでしょうか。

ここで、醜悪な視点に晒され、断罪されていたのは日本だけだったのに、なぜ韓国までもがそのターゲットとされてしまったのかという疑問が湧きます。

その理由は、『ディープ・コリア』出版時（一九八七年）の韓国は、日本と同じく西側陣営に属し、軍事政権下にあり、市民への虐殺が行われた光州事件もまだ記憶に新しい時代です。であれば、韓国人に気を遣う必要もなかったからなのではないかと考えられます。

実際に当時の左派の人たちは、韓国人を、日本を叩く目的のための駒として扱っていました。前

●露悪趣味本の系譜

	左派	右派
1960年代	反日イデオロギー本登場 ↓取材記の手法が確立	
1970年代	反日イデオロギー旅行取材記登場 ↓取材記の手法を用いた本	
1980年代	『ディープ・コリア』（根本敬他）出版 ↓根本敬がルーツ	
1990年代	悪趣味系サブカル本ブーム	サブカル（左派）の手法を用いた黎明期右派本登場
2000年代	↓反日イデオロギーと悪趣味系が融合 「ヘイトラベリング用語」を多用する本（直系）	↓黎明期右派からサブカル／オタクが撤退し手法のみ継承
2010年代		ビジネス右派本（傍流）

掲書『私の戦争犯罪』での記述は、著者の吉田氏による捏造でしたし、〝人権派〟とされる人たちは、春を鬻《ひさ》ぐ商売についていた慰安婦の老婆に対して「日本軍性奴隷」と称して彼女たちを貶め、現在もそのスタンスを変えずに貶め続けています。

　本題に戻りますが、本項冒頭で述べたようにサブカルチャーを左派とするならば、露悪趣味出版物の系譜はむしろ左派の出版物に脈々と受け継がれているように思えます。

　戦前日本を断罪する出版物、露悪趣味が前面に出た旅行取材記、『ディープ・コリア』やその後のサブカルにおける露悪趣味には、どこか共通する臭気を感じます。そして近年の左派系の出版物には、事実を置き去りにして頭ごなしに決めつけて論ずる「ヘイトラベリング用語」が炸裂しています（「ヘイトラベリング用語」が炸裂している左派出版物については、5章で論じたいと思います）。

とりあえず筆者は、旧世紀時代に反日イデオロギー旅行取材記や悪趣味系サブカルを楽しんだ中高年の人たちが、二〇〇〇年代以降、同じ手口でしっぺ返しを食わされていることに面白さを感じます。

『マンガ嫌韓流』出版

二〇〇〇年代は、黎明期からインターネットに触れている情報強者や、サブカル/オタクの人たちのあいだで嫌韓が大きな話題となっていました。ところが、韓国や在日への批判はメディアタブーとされていたことで、明確に嫌韓を打ち出した出版物は当時はまだありませんでした。

そこで筆者はマンガという媒体で、広く世間に訴えかけようと考えました。二〇〇二年冬にいくつかの出版社に原稿を持ち込みましたが、いずれも色よい返事は聞かれませんでした。

持ち込みではどうにもならないことがわかったので、インターネットから出版まで持っていくという道を考えて、地道に原稿のアップロードを続けた結果、二〇〇五年七月、『マンガ嫌韓流』(晋遊舎)として結実しました。拙著では、二〇〇二年の日韓共催W杯、日韓基本条約、在日の来歴、韓国の文化窃盗、石原慎太郎都知事(当時)発言捏造事件、併合下朝鮮の真実、竹島領土問題などの日韓問題をあらかた押さえています。本書が、「嫌韓」というキーワードがタイトルに使用された初めての出版物でした。

繰り返しますが、『マンガ嫌韓流』が出版された頃は、まだまだ韓国や在日への批判は許されないというメディアタブーが横たわっていました。だからこそ拙著では、韓国批判とマスメディア批判の二本の柱で構築しているわけです。

当時の空気を知っている人でしたら周知の事実ですが、この頃のインターネット世論は、メディアタブーにどこまで立ち向かうことができるか、ということが大きなテーマとなっていました。だから嫌韓本の出版には、「マスメディアという〝上〟に対する、ネット世論という〝下〟からの改革」という挑戦、そして共通認識があり、その改革を進めていく面白さやワクワク感があったのです。

しかし左派界隈は、当時のネット世論の挑戦意識や共通認識を知らないのでしょう。「日本人という〝上〟からによる韓国・在日という〝下〟への攻撃」という当時のネット民の想いを冒涜する誤った言説が垂れ流されています。この言説には、上の立場である日本が下である韓国・在日を救済しなければならないと考える左派の人たちの差別的な序列意識も内包されており、嫌悪感が湧いてしまいます。

さて、親韓メディアVS嫌韓ネット世論という二極対立においてどちらに正当性があったのかは、今日の日韓情勢を見てみれば一目瞭然でしょう。韓国の反日があまりに酷く、親韓左派ですら韓国擁護を止めているくらいです。

拙著『マンガ嫌韓流』は、発売当時は過激とされ、本書の論調に賛同していたのは早い時期からインターネットに触れていた情報強者とサブカル／オタクの嫌韓ネット民ばかりでした。
しかし、韓国の反日の実態が広く知れ渡った現在は、リアル社会でも拙著で述べたことが一般常識となっています。

二〇〇〇年代のオタクと右派の出版事情

冷戦時代は、左派が反体制闘争を続けるにあたって、「特定アジア（中国・北朝鮮・韓国／特ア）」の反日を圧力として用いてきました。その際、左派は特ア側に反日の理論を提供し続けています。時代劇で悪代官らによる「お主も悪よのぉ」という会話がテンプレとなっていますが、左派と特アの関係が、まさにこれに当てはまります。

そのようなわかりやすい左派と特アの反日タッグに対抗する機運が生まれ、エンタメ市場にもその波が訪れます。

小林よしのり氏は、一九九〇年代後半に『ゴーマニズム宣言』や『戦争論』を出版し、これらが後に「ネトウヨ」と称される人たちの歴史観を構築することになります。二〇〇〇年代になると、小林氏は『新ゴーマニズム宣言SPECIAL靖國論』（幻冬舎、二〇〇五年）他、様々な愛国マンガを出版していきます。

一九九〇年代後半に『教科書が教えない歴史』（産経新聞ニュースサービス、一九九六年）がベストセラーとなりましたが、同書は『マンガ教科書が教えない歴史』（産経新聞ニュースサービス、一九九八年）としてコミカライズされています。愛国とマンガという表現方法は、よほど相性がよいのでしょう。

二〇〇二年に北朝鮮が拉致事件を事実と認め、北朝鮮にまつわる報道が過熱しますが、これに伴って『マンガ金正日入門 北朝鮮将軍様の真実』（李友情、李英和、飛鳥新社、二〇〇三年）と、その続編が出版されています。中国問題については、『マンガ中国入門 やっかいな隣人の研究』（ジョージ秋山、飛鳥新社、二〇〇五年）、『マンガで読む昭和史「南京大虐殺」の真実』（畠奈津子、ワック、二〇〇七年）などがありました。後者の畠氏は、小林よしのり氏のアシスタントを務めていたようです。

人権派とされる弁護士が、実は人権とは真反対であることを論じた『マンガ人権弁護士』（著：司法公論会、イラスト：東野よしゆき、三和出版、二〇〇八年）が、非常に頑張っており、痒いところに手が届く内容で好感が持てます。〝人権派弁護士〟が犯罪被害者およびその遺族の人権を軽視していることや、海外で反日活動を行っていること、その結びつきについては、日本弁護士連合会に対する批判のメインディッシュとして近年盛んに論じられていますが、〇〇年代の時点で、しかもマンガで述べられていたのです。この頃のマンガ言論は、近年の右派言論よりも十年早かったと言って差し支えないでしょう。

左派や反日の人たちがマンガやオタクを嫌うのは、こういったところにも起因するのではないでしょうか。

拙著『マンガ嫌韓流』版元の晋遊舎は当時、インターネットの論調を前面に出したサブカル系言論誌を出版しています。『スレッド』(二〇〇七年)では、「テコンダー朴」「革命乙女キヨミ」「潜入!! プロ市民集会レポート」の三本のマンガが連載されていました。ところが、同誌は三号で休刊、現在、晋遊舎は育鵬社の道徳教科書を引き継いでいます。

また他社からは、『マンガ嫌韓流』の三ヵ月後に『韓国人につけるクスリ―韓国・自覚症状なしのウリナライズム』(中岡龍馬、オークラ出版、二〇〇五年)が出版、翌年に『嫌韓流の真実』(宝島社)、『コリアン・ザ・サード(在日三世)』(新井知真、オークラ出版)などが出版されています。

こういった嫌韓本を出版していた版元はいずれも中小出版社であり、大手出版社が嫌韓を扱うようになるのは、二〇一二年以降まで待たなければなりませんでした。

弾圧される女性〝性〟

二〇〇〇年代以降、キャラクタービジネスやオタク文化の盛り上がりによって、「ゆるキャラ」と称されるコミカルなキャラクターや、萌え絵とされるオタク絵が社会に氾濫するようになりました。

ゆるキャラとは企業や行政によって送り出される上からの文化ですが、萌え絵などのオタク絵はオタクのニーズに沿ったファンベースの下からの文化と言えます。両者とも〝ＫＡＷＡＩＩ〟キャラクターを用いたものなのですが、近年、オタク絵が一部のオタクヘイトの人たちから批判される場面が増えていることが、オタクのあいだで問題視されています。ここで言うところのオタクヘイトの人たちとは、いわゆるフェミニストで、例えば慰安婦問題などで、日本を攻撃しているような人たちのことです。彼女らのオタク攻撃例について、いくつか挙げてみたいと思います。

二〇一六年に起こった「駅乃みちか」の『鉄道むすめ』版のイラストが一部の人たちから攻撃された「駅乃みちか騒動」は、オタクのあいだで大きな話題となりました。

駅乃みちかとは、東京メトロの公式キャラクターであり、ゆるキャラのようなＳＤ（スーパーデフォルメ）頭身の可愛くも独特なデザインで、多くのイベントで使われています。そしてもう一つのキーワードである『鉄道むすめ』とは、玩具メーカー「トミーテック」が展開している全国各地の鉄道会社で働く制服女性をモチーフとしたキャラクターのことです。

『鉄道むすめ』のイラストは、男性好みの女性の特徴を目立たせる萌え絵の表現手法で描かれているのですが、この駅乃みちかの『鉄道むすめ』版バージョンのイラストに、一部の人からクレームが起こったのです。

当該イラストは、スカートに萌え絵特有の脚線がわかる影が描かれていました。筆者は、向かい風が吹いてスカートが太ももに貼りついているような感じに見えましたが、クレームを起こした人の目にはスカートが透けて見えたようです。そんなわけで、この影にすぐに修正が入りました。

問題はこれで収束せず、このイラストが公共交通機関のＰＲであるという勘違いが起こり、さらには、そのデマが広く拡散されてしまいました。駅乃みちかの『鉄道むすめ』版バージョンは、あくまでもトミーテックの企画として使用されるものであって、東京メトロの公式イラストというわけではありません。東京メトロには、オリジナルの公式イラストがあるのですから。東京メトロが公式として用いているわけではないのです。

しかし、「公共の場に堂々と萌え絵を置くな！」と主張した人たちの多くは間違いを認めようとせず、何だかんだとクレームをつけて、鉄道むすめユーザーを批判し続けたのでした。これは民間の商業企画でオタクが楽しんでいるところを、外部から土足で殴り込んできたという構図です。

二〇二〇年に、『ラブライブ！サンシャイン!!』でも似たような問題が起こりました。静岡県沼津市「ＪＡなんすん」からのオファーで、『ラブライブ！サンシャイン!!』のキャラクター「高海千歌」が『西浦みかん大使』に就任し、そのキャンペーンのイラストが描かれたのですが、制服のスカートの布に、鼠径部《そけいぶ》にくっついたような皺または影が入っていました。これが性的であるとして叩かれたのです。

駅乃みちかと高海千歌のイラストのように、萌え絵のスカートには、独特の皺または影が描かれることが少なくありません。この表現はもはや、お約束になっています。オタクをはじめとする男性が好む女性の特徴を目立たせたいという思いが幾重も積み重なって、つくられていった表現と言っていいでしょう。

さて、このような表現は許されないものなのでしょうか？　どちらも、全裸や過激な水着を描いたものではありません。パンチラでもありません。あくまでも、服の上に皺または影が入っているに過ぎないのです。露出度は太ももがあらわになっているレオタードよりもはるかに低い。その代わり、オタクコミュニティ内で積み重ねられた女性〝性〟を高める表現がされているわけですが。

この表現は、企業や行政によるチェックをしばしばすり抜けます。一般の人はこの女性〝性〟を高める表現に気づかないのでしょう。気づかれない程度の表現とも言えます。萌え絵またはエロに興味を持つ人ほど気づき、興味のない人は気づかないのです。

二〇一五年、岐阜県美濃加茂市観光協会がテレビアニメ『のうりん！』とコラボして作成したポスターも攻撃を受けました。『のうりん！』とは、美濃加茂市の農林高校を舞台とする農業に真剣に取り組む高校生の姿を描いた作品なのですが、ポスターでは女性キャラクターの胸が強調され、悩ましい表情をしており、「セクハラではないか」との批判を受けたのです。

問題の俎上に載せられたポスターとは、「みのかもまるっとスタンプラリー」の第四弾であり、同作のメインキャラクターの一人である「良田胡蝶」にその順番が回ってきたことで、第三弾までと同様に既存イラストが用いられたという経緯があります。良田胡蝶というキャラは巨乳をウリとしており、イラストが描かれるにあたって、そういった記号や表現が行われていることは極めて自然なことです。つまり、そういったキャラの既存イラストが用いられたに過ぎないのです。では、乳房が大きいことをウリとする女性が、公的なポスターに起用されてはいけないのでしょうか。

『のうりん！』では、二〇一四年に「のうりん×献血」という献血キャンペーンのコラボが行われました。こういったアニメと献血のコラボでは、『はたらく細胞』や『ラブライブ！サンシャイン‼』『私に天使が舞い降りた！』『おしえて！ギャル子ちゃん』などもありました。

同人誌即売会「コミックマーケット（コミケ）」では毎年、会場の献血所で献血を行うとポスターセットがもらえるという献血応援イベントを行っており、そのポスターの多くが萌え絵と言っていいでしょう（もちろん萌え絵以外もあります）。

萌え絵による献血ポスターは台湾でもつくられておりますし、また萌え絵だけでなくアイドルグループ「乃木坂46」も献血キャンペーンのイメージキャラクターに起用されています。

二〇一九年には、厚生労働省が献血啓発アニメ「誕生‼ＫＫＴ21」を作成・公開しています。

ではなぜ、献血に萌え絵やアイドルが用いられるのでしょうか。それは、血液は長期保存できない上に不足しており、さらに少子化によって若い献血者が減少しているという深刻な実態があり、日本赤十字社としては若い献血者の確保に必死なのです。そういったことから、若い人が集まるコミケでの「コミックマーケット献血応援イベント」は、医療側としては願ってもない機会と言えます。

このようにオタクと献血の親和性は非常に高いわけですが、二〇一九年にウェブマンガ『宇崎ちゃんは遊びたい！』とコラボで作成したＰＲポスターが槍玉に挙げられる「宇崎ちゃん献血ポスター問題」が勃発します。さらには、萌え絵を理由とする献血ボイコットの呼びかけまで起こってしまいました。

さて、萌え絵やアイドルを用いた呼びかけによって献血に協力する人と、そういった呼びかけに反対する目的で献血のボイコットを呼びかける人、世間はどちらのほうを支持するでしょうか。当然、献血する人のほうに決まっています。世間はどんな理由があっても、献血ボイコットを呼びかけるなんて非人道的行為を認めるわけがありません。

近年では、このように企業や行政がアニメ絵のキャラクターを採用するとヒステリックにクレームをつける人々が暴走する事件が続いています。女性〝性〟を強調する表現は許されないのか。そもそも女性〝性〟とは悪なのか。

オタク叩きの根底には、オタクに対する蔑視や敵意があり、表現の自由の侵害に留まらず、女性の持つ女性らしさの尊重や賛美に対しての殴り込みであるということが可視化されています。

言うまでもないことですが、萌え絵とはあくまでも絵であり、その絵は実在していない架空のキャラです。それなのに、萌え絵に対して「女性蔑視」や「女性差別」、またはその真逆で女性の価値の高さによって生まれる「性の商品化」など、様々な批判的な言説が飛び交っています。

非実在の絵であってすらも性を商品化してはいけないという主張は、そういった職業に就いている実在の女性の仕事をも奪う暴論です。女性の敵は女性ということなのでしょう。また同様に、男性が肉体を使った職業も許されないことになってしまいます。

フェミニストの人たちの男女についての考えは非常に難解で、女性の持つ女性らしさ、男性の持つ男性らしさといった長所を認めようとしません。人間の男女それぞれが内包する美しさに対しての敬意や、それを尊重する意識を持っているのか非常に疑問を感じます。

旭日旗騒動とポップカルチャー

フジロックの件で旭日旗について少し触れましたが、韓国の旭日旗に対する反発は、二〇一一年に開催されたサッカーアジア杯準決勝の日韓戦が起点となって始まっています。

この日韓戦で、韓国代表選手が日本人を差別する目的の「猿真似」パフォーマンスを行ったことで批判されたわけですが、その韓国代表選手が「観客席にあった旭日旗への報復のために行った」と主張したのです。

この試合は韓国代表チームが敗北するのですが、その腹いせとして韓国人数万人が日本代表選手のブログやＦａｃｅｂｏｏｋへ攻撃する事態へと発展しました。

つまり、韓国や日本の左派によって現在行われている旭日旗バッシングとは、韓国代表選手による日本人差別を正当化する目的の言い訳として始まったものなのです。

この年以前は、当然ですが旭日旗を批判する論調は存在していませんでした。二〇〇八年に韓国で国際観艦式が開催され、自衛隊が旭日旗デザインの自衛艦旗で参加しましたが、その際、韓国の政府やマスコミ、そして世論も反応しませんでした。

韓国人は現在、日本のことを「戦犯国」と称し、旭日旗のことを「戦犯旗」と称しています。このように旭日旗を用いての官民総出による日本バッシングは、前述の二〇〇六年と二〇〇九年のWBCにおいて、太極旗をマウンドに突き立てた後、日本チームに敗北を喫してしまったことに対する逆恨みではないでしょうか。しかし、マウンドに旗を突き立てる行為と、観客が旗を振る行為はまったく別の問題です。それでも恨みを晴らしたい、晴らさなければ気が済まない。そこで韓国人は、「旭日旗」というネタに飛びついたのではないかと考えられます。

しかし旭日旗を掲げることは本来、何も問題ありません。そこで、旭日旗=「戦犯旗」というタグづけ工作が必要だったのです。

旭日旗をバンドのアイコンとしているラウドネスは、一九八三年から海外ツアーを行っています。一九八五年には、5thアルバム『THUNDER IN THE FAST』にて世界デビューを果たしたのですが、このアルバムのジャケットは旭日旗のデザインが施されており、日本のバンドであることが一目でわかります。

さて、韓国のヘヴィメタル・シーンにおいては、八〇年代からラウドネスを目標およびライバル視するバンドが少なくなく、またリスナーも一目置いています。ラウドネスは、旭日旗騒動の前年にあたる二〇一〇年にも韓国でライブを行って、非常に盛り上がったようです。彼らのアイコンである旭日旗に対するバッシングはまったくありませんでした。

繰り返しますが、旭日旗叩きが始まったのは二〇一一年からなのです。

二〇一九年に放送され人気が爆発したテレビアニメ『鬼滅の刃』も、韓国人からの攻撃を受けています。本作主人公の耳飾りが旭日旗だとして、韓国人イラストレーターが糾弾したのですが、海外のアニメファンから間違いを指摘され炎上しました。

同じく、ジャンプ系アニメで『ONE PIECE』も被害を受けています。作中で旭日旗に似たデザインの旗が描かれただけで右翼作品とされ、「日帝軍国主義作品」のレッテルが貼られてしまいました。

宮崎駿監督の劇場用アニメ『風立ちぬ』も槍玉に挙げられました。零戦の設計者が主人公で、旭日旗が風になびいているだけで、「戦争を美化している」との大バッシングを浴びたのです。しかし筆者は、同作が戦争を美化しているとは思いません。そもそも、監督の宮崎氏は反戦を掲げている人物でもあります。宮崎監督は左派とされていますが、それは政治や経済面においてのことであり、彼は歴史や文化の面においては日本を愛する右派のスタンスに立っていると見ています。

迫害される愛国ソング

二〇一四年、椎名林檎氏のシングル『NIPPON』や、二〇一一年にインターネット上で発表されたボーカロイド初音ミクの人気ボカロ曲『千本桜』などが、一部の人から「愛国ソング」と叩かれるという出来事が起こりました。

このバッシングに椎名氏はまったく動じず、またボカロ曲『千本桜』のほうは二次作品制作も盛んに行われ、CMソングへの起用や、有名アーティストによるカバーも行なわれていて、拡散しまくっています。そのため、バッシングは自然と沈静化しました。

そして二〇一八年にも、二つのJポップバンドによる楽曲が「愛国的」だとして槍玉に挙げられる事件が立て続けに起こっています。その楽曲とは、ゆずのアルバム『BIG YELL』に収録された「ガイコクジンノトモダチ」と、RADWIMPSのシングル『カタルシスト』のカップリング曲「HINOMARU」です。

前者のゆず「ガイコクジンノトモダチ」は、歌詞が、一部の人およびマスメディアからの批判にさらされました。

後者のRADWIMPS「HINOMARU」は、「この身体に流れゆくは　気高きこの御国の御霊」「さぁいざゆかん　日出づる国の　御名の下に」といった歌詞がバッシングされ、さらには二度と歌わないよう求める抗議活動や楽曲廃盤といった要求がなされ、最終的に謝罪コメントを出す事態にまで追い込まれました。

日本を肯定的に捉えたこれらの楽曲をバッシングする人たちは、他国で歌われている祖国愛の楽曲をも同様にバッシングするのでしょうか。いや、そんな話は聞いたことありません。そういった人たちは、日本以外の国の国民——アメリカ人や中国人、韓国人など——の自国に対する愛国心は批判せず、日本人が「日本」を愛することだけは絶対に許さず、日本人が愛国心を持つことを断固阻止しようとしているのです。特に文化については非常に不寛容な態度を採っています。

日本には言論の自由がありますから、批判や抗議をする自由はあるでしょう。しかし同時に表現の自由もあります。二度と歌わないよう求める抗議と楽曲廃盤の要求は、いずれも表現の自由の侵害行為にあたります。

このようなことが積み重なって、日本の表現の自由が後退してしまいかねないことを非常に危惧します。

日本ヘイトは芸術なのか

二〇一九年に愛知県で開催された国際芸術祭「あいちトリエンナーレ」にて催された企画展「表現の不自由展・その後」で展示された展示物が、社会的な問題となりました。韓国が反日プロパガンダとして世界に拡散している「慰安婦像」や、昭和天皇の肖像写真を燃やし、その灰を靴で踏みつけるといった極端にヘイト色の濃い「作品」（作品と呼ぶようなものではありませんが）が展示され、多くの市民から批判の声が続々と上がったのです。

その後、同企画展は展示中止となりました。

さて、それらの展示物は「芸術」なのでしょうか。それとも「芸術の衣を纏った反日プロパガンダ」なのでしょうか。企画展の主催者は、市民からの批判に対してこれらの展示物を芸術だとする理由および価値を説明できませんでした。つまり、それらの展示物は「芸術の衣を纏った反日プロパガンダ」だったということです。

反日プロパガンダを目的とするヘイトな展示をやるのであれば、当然の話ですが、民間で、賛同者から集めたお金でやらなければなりません。

1章で述べましたが、オタクの人たちおよび地方行政、商工会などは、日本の伝統、神社などを利用して地域活性化に励んでいます。これは市民の利益に沿った活動であり、非常に健全です。

それに対して、左派や反日の人たちは、市民の税金を用いて、その市民の意思とは乖離した政治思想、ヘイトな反日イデオロギーを拡散させています。そのような邪《よこしま》な意図のために、文化や芸術を利用してほしくはありません。

この同企画展の展示物について、二〇一九年八月九日、『新世紀エヴァンゲリオン』のキャラクターデザイナーとして有名な貞本義行氏が、ツイッターで以下のようにつぶやきました。

〈キッタネー少女像。／天皇の写真を燃やした後、足でふみつけるムービー。／かの国のプ

ロパガンダ風習／まるパク！／現代アートに求められる／面白さ！美しさ！／驚き！心地よさ！知的刺激性／が皆無で低俗なウンザリしかない／ドクメンタや瀬戸内芸術祭みたいに育つのを期待してたんだがなぁ…残念でかんわ〉（原文ママ）

貞本氏のこの感想ツイートを要約すると「かの国の政治プロパガンダまるパクで、現代アートとしては低俗でウンザリ、残念」という内容であり、展示物については、政治プロパガンダが内包されてはいるが、とりあえずは「芸術」とみなしています。

ところがこのツイートに対して、「ネトウヨ」というレッテル貼りや「ヘイトスピーチ」、「エヴァンゲリオンはもう観ない」など、多数のバッシングのツイートがつきました。とりあえずは「芸術」とみなしている貞本氏のツイートに対して、なぜか政治イデオロギー丸出しのバッシングが起こったのです。

つまり、バッシングした人にとって同企画展の展示物は、「芸術」ではなく「反日プロパガンダ」だったということでしょう。展示が中止されるのも当然に思います。

オタクを敵視する左派

二〇〇六年後半、「サイレント魔女リティ」というネタが流行りました。その発祥は、毎日新聞のサイト「ＭＳＮ毎日インタラクティブ」（同年十月三十一日付）に掲載された作家の石田衣良氏のコラム「石田衣良の白黒つけます!!」です。

同コラムで「中国、韓国と仲良くした方がいい？　しなくてもいい？」というアンケートが行われたのですが、アンケートでは「しなくていい」が圧倒的に多いという結果が出たのに、石田氏は市民の声、アンケートの結果を無視した結論を出したのです。

石田氏のこの言説は、当然ながらインターネットで炎上しました。ネット民はその際、記事内の「サイレントマジョリティ」というキーワードを「サイレント魔女リティ」と茶化したのです。

本件で興味深いことは、左派の人および左派マスメディアの欺瞞を暴いて笑う際に、萌えキャラを用いるというオタク的な手法が用いられていることです。

インターネット環境以前は、マスメディアが流行らせたいもの、誘導したい論調が主流となっていました。ところが、インターネットでこれまで声を挙げられなかった市民の声が集まると、まったく違う世論が形成され、右派とオタクが台頭していることが可視化されたのです。

同年初頭に、四人の共著による『嫌オタク流』（太田出版、二〇〇六年）という本が出版されています。

その内容は、左派の視点からのオタクバッシングなのですが、本書タイトルは、そのまま拙著『マンガ嫌韓流』のパクリであることがわかります。拙著の出版は二〇〇五年七月でしたが、それから半年も経たないうちに出版にまで漕ぎ着けています。拙著の部数にあやかりたかったのでしょうか。

それにしても、右派とオタクのスタンスで描かれている拙著の恩恵に与ろうと目論みながら、その右派とオタクをバッシングする。彼らは、自分たちのそのような行為を恥ずかしいと思わないのでしょうか。正直、道徳面においての疑問を感じます。

同書では、嫌韓の人たちについて以下のような記述がありました。

〈「これまで韓国のことを持ち上げ過ぎたから、そろそろ言い返してもいいだろう」とか言うんだけど、でも、そんなにもてはやしていないよね。毎日焼肉食ってるわけでもないから〉これを述べた人は、日韓の歴史についてあまりに無知すぎます。日本および日本人がこれまで行ってきたことは、焼肉を食べるというようなグルメのジャンルの一つ程度の「もてはやし」ではありません。戦前の日本統治時代には朝鮮半島に様々なインフラ整備を行い、戦後の国交回復以降、日本は韓国に対して莫大な経済協力と技術支援を行っているのです。

そして翌年、右傾化とサブカル化した社会について批判する論調の『ネット右翼とサブカル民主主義』（三一書房、二〇〇七年）が出版されています。

同書は冒頭から、次のような一文で始まっています。

〈下流社会が進行して、ワーキングプアが増大しても、人のメンタリティーが必ずしも「左寄り」にならないのは、近代日本の歴史が既に明証している〉

この一文は、世論が左寄りにならないことを嘆くものですが、その理由を教えましょう。それは、左派が既得権益となっているからです。

左派が守りたい正社員というポジションや高齢者の年金などは守られています。その反面、九〇年代以降に登場した氷河期世代、または非正規労働者といった人たちは守られていません。前者と後者のあいだには、対立構造が横たわっており、後者を守ることは前者の既得権益が侵害されることにつながるからでしょう。後者が前者の食い物にされている実態があるのです。

このことについては拙著『「若者奴隷」時代』（晋遊舎、二〇一〇年）ですでに述べています。筆者は氷河期世代と非正規労働者、どちらにも当てはまる立場であり、他人事ではないのです。

左派は、冷戦終結前の市民・労働者VS国家・資本家の対立構造で物事を考え、国家・資本家を敵視していますが、冷戦終結後の社会における対立構造は、反日VS日本へと移行しました。しかし彼らは、この社会の変化に対応できていません。そもそも理解すらしていないでしょう。

余談ですが、前出の『ネット右翼とサブカル民主主義』は、早口で憎悪をまくしたてるような、かなり病的な文章に感じました。こういったテーマの書籍が〇〇年代半ばに出版されていたことからも、左派の反オタクの人たちが、右派オタクを問題視さらには敵視していたことが読み取れます。

「ヘイト本」はレッテル貼り？

二〇一五年、「反差別カウンター」を自称する人たちが、書店および図書館に対して言論封殺攻撃を仕掛けました。拙著『マンガ嫌韓流』や『外国人参政権は、要らない』（晋遊舎、二〇一〇年）なども、その攻撃を受けてしまいました。

フランスの哲学者＝ヴォルテールの格言に「私はあなたの意見に反対だ。しかし、あなたがそれを言う権利は生命をかけて守る」というものがありますが、左派は、「私はあなたの意見に反対だ。だから、あなたがそれを言う権利を潰す」ということを実践しているのです。

書店および図書館への圧力などの言論封殺活動はオタクが最も嫌う行為であり、こんなことを嬉々として実行する人々が存在していることに寒気がします。この頃、一部の左派および在日の人たちは、一般大衆に事実を知られないための活動に心血を注いでいたのです。

「反差別カウンター」を自称する人たちの一人である野間易通氏による「在日特権」の存在を否定する内容の『「在日特権」の虚構：ネット空間が生み出したヘイト・スピーチ』（河出書房新社、二〇一三年）という書籍には、

〈図書館の検索端末やネット書店の検索窓で「在日特権」と入力したときに、きちんとそれを否定する信頼できる資料がヒットすること〉〈たとえ絶版になっても、図書館に行けばいつでもアクセスできること、それが何よりも重要だとずっと考えながら執筆していた〉と書いてあります。

この記述と、その二年後に行われている書店および図書館に対する言論封殺攻撃は、まったく真逆の行為です。もしかして、「在日特権」を否定する資料は必要だが、それを証明する資料は必要ではないということでしょうか。

同書は、「在日特権」がないと言い切れない歯切れの悪さに加えて、様々なすり替え、理屈の通らない主張などで占められており、普通に物事を考える人から簡単に見破られて論破されています。言論で敗北してしまったからこそ、書店および図書館に対して、言論封殺攻撃を仕掛けるしかなかったのではないかと勘ぐってしまいます。

「ヘイトスピーチと排外主義に加担しない出版関係者の会」というグループがあります。同グループは、「ヘイト本（ヘイト出版）」について、「中国や韓国など他国および民族集団、あるいは在日外国人など少数者へのバッシングを目的とした出版物」としています。

さて、拙著はここに含まれるのでしょうか。拙著が出版された二〇〇五年頃は、まだまだ韓国や在日に対する批判がメディアタブーとされていました。拙著はバッシングを目的としているわけではなく、歴史捏造や文化剽窃行為など様々な問題に対して、事実に基づく批判をしていますですから「ヘイト本」には含まれないと考えています。筆者の目的は、捏造歴史を正すこととメディアタブーをなくすこと、そして、それの実現の下での日韓友好の構築でしたから、事実を伝えるだけで充分なのです。

ところが彼らは「ヘイト本」と決めつけています。その理由は、レッテルを貼るしかなかったからでしょう。

拙著に対してなんとしてでも「ヘイト本」と呼びたいのであれば、その前にやるべきことがあります。それは、韓国や在日韓国・朝鮮人にとって「他国」「多民族」である日本および日本人をバッシングする目的の「反日本」や「反日ドラマ」「反日映画」などの反日コンテンツに対して、同じ情熱、同じ声量で「ヘイト本」「ヘイトドラマ」「ヘイト映画」と叫ぶことです。そういった反日コンテンツは圧倒的なヘイトなのですから。

永江朗氏による『私は本屋が好きでした―あふれるヘイト本、つくって売るまでの舞台裏』(太郎次郎社エディタス、二〇一九年)という書籍にも、さりげなく不可解なことが書かれていました。同書は、一部の人たちから「ヘイト本」とみなされている出版物が、書店で扱われている舞台裏を論じているのですが、「ヘイト本」とされる本とそうでない本の分類がまったくされていないのです。

〈中国や韓国を批判する本とヘイト本とは違います〉〈なにかを批判し攻撃する本が、すべて『ヘイト本』になるわけではない〉など、ヘイト本とそれ以外を分類する様々な説明をしているのですが、最後に**〈とはいえ、この本では不本意ながら便宜上『ヘイト本』という呼称を使います〉**と結んでいる。つまり永江氏は、「不本意」とか「便宜上」と述べて、ヘイト本でない本ですらも「ヘイト本」扱いすると堂々と宣言しているわけです。

いや、「不本意」とか「便宜上」と前置きしたところで、ヘイト本でない本を「ヘイト本」扱いすることが許されるとは到底思えません。

そもそも筆者には、永江氏がなぜ「ヘイト本」というヘイトラベリング用語にこだわるのかが理解できないのです。ヘイト本でない本にまでヘイト本とレッテルを貼ってしまいかねない、冤

罪を生むヘイトラベリング用語になぜこだわるのか。

第5章 オタクと政治の導線

ビジネス右派の存在

現在の日本と韓国には、戦略物資の問題や徴用工の請求権問題など、政治・経済が絡む問題が多く横たわっています。

しかし、かつての日韓対立における基本的な問題は、歴史と文化の二つでした。前者の歴史問題は、具体的には慰安婦問題や日韓基本条約、韓国併合、併合下朝鮮、在日韓国・朝鮮人の来歴などがあります。竹島問題や日本海呼称問題といった領土や領海の問題も、歴史的正当性を主張しあっていましたので、歴史問題としての色合いが濃かったと言えます。

そして後者の文化問題は、韓国が日本文化を盗んでいること、日本のマスメディアが利益優先で韓流を流入させていたことなどが挙げられます。韓国はスポーツの場でも卑劣な行為を繰り返していて、そのたびに話題になりましたが、これも文化の問題と言っていいでしょう。

慰安婦問題や韓国の通貨危機などの政治・経済問題ももちろんありましたが、日本が譲歩したり救済したりすることで、問題は沈静化していました。

二〇〇〇年代に嫌韓ムーブメントが盛り上がっていく過程で、韓国による様々な悪事の実態がわかってきます。例えば、数万人規模の韓国人売春婦や韓国人武装スリ団などが日本に流入していること、韓国漁船が日本の排他的経済水域へ侵入して海産物の乱獲を繰り広げている漁業問題、日本製フルーツの無断栽培といった知的財産権侵害問題など、韓国による様々な違法行為が次々と話題となりました。これらは歴史や文化についての言論ではおさまらず、日本人の安全や経済的被害まで及ぼす問題です。

加えて、在日の生活保護不正受給、在日ヤクザなど、日本国内の在日韓国・朝鮮人の問題にスポットが当てられるようになっていきました。そうなると、なぜ在日韓国・朝鮮人が日本に住んでいるのか、なぜマスメディアで在日犯罪が報じられないのかという話になり、在日韓国・朝鮮人についての話題が盛り上がっていくことになっていきます。そこで、特別永住許可や税減免措置、福祉給付金、通名使用、そして生活保護受給しやすい環境といった在日の既得権問題がトピックに上がり、これらを「在日特権」と総称することになりました。

この「在日特権」については、〇〇年代に突然湧いて出てきたのではありません。月刊誌『諸君！』（文藝春秋／一九九〇年七月号）に掲載された佐藤勝巳氏と林建彦氏による対談「『お土産外交』と『土下座外交』」にて、特別永住許可など在日が持つ様々な特権が取り上げられ論じられているように、九〇年代初頭にはすでに問題視されていました。

左派や在日は当初、この「在日特権」について黙殺しました。しかしこの頃、朝鮮総連関連施設に対して、固定資産税などの税減免および低額・無償貸与の実態や、三重県伊賀市や桑名市で在日の住民税を半額程度に減免していたことが発覚するなど、「在日特権」の実態が次々に暴かれていきました。

二〇〇〇年代前半のインターネットの嫌韓シーンには、ネットからリアル社会へと飛び出したい、広く伝えたい、そして問題解決への道筋をつくりたいという意識が共有されていました。そうなると歴史や文化の言論の枠内ではおさまらず、社会問題を解決するという政治活動となります。

またこれまで親韓のスタンスをとってきた既存右派も、韓国の反日が激化していったことや、日本人の安全や経済的被害を及ぼす問題が深刻化したことにより、嫌韓に舵を切らざるを得なくなりました。このような環境の変化から嫌韓コミュニティに既存右派が流入し、嫌韓が既存右派に収斂《しゅうれん》されてしまうという事態へと進行していったのです。

さらにこの頃から、韓国経済は政府・家計・企業のトリプル赤字であるという論調の、経済の側面で韓国を叩く流れも出てきて、嫌韓のフィールドがビジネス方面へも広げられていきます。政治・経済の話を好む人は、比較的中高年以上の人が多い傾向にあり、そういった人たちが嫌韓に流入してくることになりました。

これまで述べてきたとおり、嫌韓ネット民は歴史とサブカルチャーを主体とし、比較的若い世代で構築され、歴史・文化について論じていました。しかし嫌韓が政治・経済へと移行していくと、黎明期からの嫌韓ネット民は距離を置かざるを得ません。歴史や文化には興味があるけれど、政治イデオロギー対立には興味はなく、経済の側面で劣っている韓国を揶揄するような論調についていけない嫌韓ネット民としては、もはや去っていくしかありませんでした。

既存右派とビジネス右派の中高年世代の流入と、黎明期からの嫌韓ネット民の流出によって、嫌韓コミュニティの構成員はガラッと入れ替わったと言っていいでしょう。このような経緯で、サブカル／オタクの若い世代で構成されていた歴史と文化をメインテーマとしていた嫌韓コミュニティは、既存右派と政治・経済の話を好むビジネス右派に収斂されたのでした。

●二〇〇〇年代と二〇一〇年代の右派属性の違い

二〇〇〇年代
若いサブカル／オタクが主体で、歴史と文化をテーマとする

↕ 既存右派とビジネス右派の中高年世代の流入と、それに伴って若いサブカル／オタクが流出

二〇一〇年代
中高年が主体で、政治と経済をテーマとする

メディアタブー解禁による世論の「右傾化」

二〇〇〇年代の嫌韓はサブカル／オタクの若者によるネット上のムーブメントでしたが、既存右派と政治・経済をテーマとするビジネス右派の中高年世代参入により、一般化が進行していきました。

二〇一二年、李明博大統領（当時）の竹島上陸と「日王（天皇）が韓国に来たければ独立運動家に謝罪せよ」と要求した「天皇謝罪要求」、そして翌年の朴槿恵大統領（当時）の「一〇〇〇年恨む」発言が報じられました。事実上のメディアタブーだった韓国批判が解禁され、韓国の反日の実態が一般市民にも知らされたのです。親韓的な話題ばかり聞かされていた一般市民にとって、韓国が反日である事実はショックだったようです。

インターネットの情報に触れていなかった一般市民が、韓国の実態、日韓の現状を知ろうとしたことによって、出版市場において愛国・嫌韓をテーマにした本のブームが到来します。日本社会は嫌韓ネット民に十年遅れて、ようやく日韓関係の実態を知ったのでした。

またこの頃から、インターネットに高齢者が大量に流入し始め、ビジネス右派の高齢化がさらに進行します。日本社会は高齢化が速いペースで進行しているので、嫌韓の拡散においては、高齢化もやむを得ないことだったのかもしれません。

ここで面白いのは、日韓関係をはじめとする特定アジア方面の問題において、知識人であればあるほど周回遅れになっていることです。知識人は、昭和時代の考え方に縛られていたことで嫌韓ネット民に遅れをとっていましたが、さらに一般市民よりも無知な状態に陥ってしまったのです。

それでも容赦なく日韓関係は嫌韓側の論調のほうへと進行していきます。二〇一五年十二月二十八日、日韓間で「慰安婦問題日韓合意（日韓合意）」が結ばれました。これまで日本側は関係改善にあたって日韓基本条約や河野談話、女性のためのアジア平和国民基金などで譲歩し、お金を出すなどして、日韓友好の道を見出そうとしてきましたが、韓国はそのたびにゴールポストを動かしてきました。そこで日本政府が「和解・癒やし財団」に十億円供出し、合意にあたり「最終的かつ不可逆的」という文言を盛り込むことによって、ようやくこの問題に終止符が打たれました。この日韓合意には、アメリカ政府のほか、主要先進国や国際連合、欧州連合などの国際機関も支持を表明しています。

ところが韓国はこの合意を事実上の反故にしてしまい、韓国が国家間の約束を守らない国であることが日韓の事情に疎い人にまで知られるようになりました。

そして二〇一八年、またもや新たな被害者ビジネスが登場します。韓国の最高裁にあたる大法院が、新日本製鉄（現日本製鉄）に対し韓国人四人へ一人あたり一億ウォン（約一〇〇〇万円）の損害賠償を命じました。日本と韓国の両政府は、一九六五年の日韓基本条約に付随して締結された日韓請求権協定において合計五億米ドル（無償三億米ドル、有償二億米ドル）および民間融資三億米ドルの経済協力支援を行うことで、完全かつ最終的な解決が確認されているのにもかかわらず、韓国の大法院はこれを覆したのです。

個人の請求権は消滅していないとしても、二国間においては解決済みであるため、原告らは莫大な額の経済協力金を受け取った韓国政府に個人請求権を求めるのが筋なのですが、親韓派はこの点に決して触れようとしません。

同年末には、韓国駆逐艦が友好国である日本の自衛隊機にレーダー火器管制用レーダーを照射した「レーダー照射事件」も起こります。ところが韓国は「超低空飛行で自衛隊機に威嚇された」と主張して、日本を非難する始末です。

さらに二〇一九年七月、戦略物資の問題が表面化します。韓国が、日本から輸入している大量破壊兵器などに転用可能な戦略物資を、イランや北朝鮮などのテロ国家に横流ししている疑いがありました。そこで日本は三年以上も「最終使用先を明確にせよ」と要請し続けたのですが、韓国はそれを無視してきたことで、日本政府は優遇措置を改めて審査化することにしたわけです。ところが、韓国はこれを経済戦争と捉えたのです。つまり韓国は「日本は韓国を優遇しなければならない」と考えており、日本を見下しているということです。

この件がきっかけとなって、韓国で日本製品不買運動が起こります。日本は戦略物資を売るにあたって審査すると言っているのですから、運動を起こすのであれば「審査なしで買わせろ」という主張が筋ですが、なぜか韓国の市民は「日本製品はすべて買わない」と言っているのです。

まったく意味がわかりません。

しかしこのことから、韓国にある様々なモノが日本製であることが改めて可視化されてしまいます。二〇一九年八月四日、KBSの某ニュース番組の司会者が、日本のボールペンを使用しているとして視聴者から抗議の電話を受けたので、その司会者は同日の番組内で「これは日本製ではなく国産です」と釈明しました。しかしそれは、日本のカメラの前で、日本の放送機器で録画・編集をしながらのことでした。さらには、反日デモの取材をしている機材がソニーやキヤノンのカメラだったり、ソウル市内に掲げられていた「NOジャパン」の垂れ幕が日本の印刷機で製作されていたり、韓国紙幣の偽造防止つき印刷機も日本製、竹島ホログラムも日本の技術、韓国のパスポートも日本製であることが広く知られることになったのです。

右派オタクのネット民を追う

嫌韓が変貌したことによって去っていった黎明期のサブカル／オタクは、いったいどこへ行ってしまったのでしょうか。

二〇〇〇年代半ば頃のインターネットでは、左派や在日の組織に対しての電凸活動や、中小出版社からの嫌韓本出版、そして、それをAmazonランキングで一位を獲得させようという祭りなどで盛り上がってはいましたが、日韓における歴史や文化の論争自体は、〇〇年代前半の時点で日本側の完全勝利で終わっていました。

二〇一一年に「フジテレビデモ」が大きな話題となりましたが、ネット黎明期の頃に盛り上がった嫌韓ネット民はどの程度残っていたのか。

彼らは、本来の拠点だったサブカル／オタク市場に帰っていったのではないかと、筆者は見ています。

現在は、マンガやアニメを嗜んでいれば誰でもオタクと自称できるようになっていますが、〇〇年代前半の頃はカミングアウトがまだ容易ではありませんでした。その理由は、そもそも「オタク」という総称には、非常にネガティブな見方が含まれていたことに起因します。片仮名「オタク」以前の平仮名「おたく」命名の起点となった『漫画ブリッコ』（一九八三年六月号）に掲載された中森明夫氏の「『おたく』の研究①」には、「運動が全くだめ」「ガリガリ」「白ブタ」「目立たなく暗い目をして、友達の一人もいない、そんな奴ら」などの特徴が述べられており、このようなイメージが「おたく」とされていたのです。

しかし二〇〇五年に『電車男』が話題になったり、秋葉原の再開発やAKB48に端を発する集団アイドルグループの勃興など、オタクカルチャーが沸騰し、また二〇〇七年に放送されたテレビアニメ『らき☆すた』に端を発する聖地巡礼が、〇〇年代後半から始まります。

これらのようにオタクカルチャーが様々な盛り上がり方を見せていくなかで、かつてオタクという総称に含まれていたネガティブな見方が薄まり、いつしかマンガやアニメを嗜んでいさえすればオタクとなり、自称しても問題なくなったのです。

繰り返しますが、日韓における歴史や文化の論争自体は、〇〇年代前半の時点で日本側の完全勝利で終わっていました。であれば、インターネットの黎明期から活動していたサブカル／オタクの嫌韓ネット民としては、日韓間の論争にいつまでも留まらず、オタクカルチャーのほうに回帰するでしょう。

嫌韓とはそもそも、旧来からのねちっこい気質のあるサブカル／オタクの人たちが、寄り道して盛り上げたものなのでしょう。彼らとしては、オタク道のレールから外れる日韓論争を嗜む娯楽が終わったということです。基本的には同じネタの繰り返しですから。

〇〇年代後半、ネット黎明期のサブカル／オタクがオタクカルチャーへ回帰する頃、神社が登場するアニメが盛り上がっており、聖地巡礼という新たな楽しみ方が起こっていました。そして二〇一〇年代以降になると、多くの日本愛アニメが見られるようになります。これはやはり、九〇年代以降、日本人の歴史観が昭和時代の自虐的なものから脱し、自由で多様性のある歴史観が容認されるようになったことによるものでしょう。そして、サブカル／オタクの人たちは、その脱却が一般大衆よりも早かった。だからこそ、日本愛とオタクカルチャーの強固な結びつきがあるのでしょう。

1章で述べたように、日本と世界をつなぐにあたって、日本の伝統文化とオタクカルチャーが大きなシェアを占めているわけですから、この右派オタク市場は、今後もまだまだ発展していくと思われます。

差別に苦しめられたかつてのオタクと右派

マンガやアニメファン、鉄道、SF、コンピュータ、アイドル、オーディオなどを趣味とする根が暗い人たちのことを、かつては、マニアだとか熱狂的なファンなどと呼んでいました。ところが、この呼び名はどうもしっくりこない。そこで、彼らに対する的確な総称として「おたく」と命名したのが、先述の中森明夫氏の記事でした。このネガティブな意味を内包する「おたく」という総称は、八〇年代の頃はオタクのコミュニティ内で自虐的に用いられる程度のものでした。実際、使い勝手の良い総称だと思います。

しかし、一九八八年から一九八九年にかけて起こった「東京・埼玉連続幼女誘拐殺人事件」における報道合戦のなかで、おたくとは猟奇的だとか幼女が好きだなどとする歪んだオタク像が報じられ、社会に拡散されてしまいます。実際にそのようなおたくはいたでしょうが、そうではないおたくも大勢いますし、おたく趣味を持たない一般人のなかにも猟奇的な人は少なからずいるでしょう。

前述のとおり、おたくとは、コミュニティ内で自虐的に用いる分には使い勝手の良い総称ではあります。しかし、それはコミュニティ内で用いる分においてのみ許されているのであって、外側から、おたくとされる人たちに対して用いて良いわけではありません。マスメディアが彼らに対して普通に礼儀意識を持っていれば問題はなかったのですが、ドカドカと土足で入り込んで、おたくに異常な人たちというレッテルを貼って、歪んだ報道を行ったのです。

この事件以降、おたく（オタク）の人たちが、マスメディアに対してネガティブな印象を持つようになったのも無理からぬことでした。

さて、九〇年代の後半に、インターネットが勃興しました。オタクは当然ながらインターネットに没頭します。

ネット上では日韓の歴史や文化の問題が話題となっていて、韓国が日本の様々な文化を盗用していることや、日本のマスメディアが韓国に都合の悪い事実を伝えていなかったことが明らかになりました。二〇〇二年の日韓共催W杯では、スポーツファンや嫌韓の人たちがフェアなプレー、正しい報道をしてほしいと訴えていたのに、マスメディアはこれをまったくスルーしていたのです。

かつてマスメディアにネガティブに報じられたオタクとしては、スポーツファンや嫌韓の人たちに賛同し、シンパシーを寄せて当然でしょう。

何にせよ、ここでマスメディアとインターネットの対立が可視化され、オタクと嫌韓、スポーツファンの人たちはインターネット側に立つことになります。

ヘイトラベリング用語について

「オタク」という呼び名は当初、蔑称として名づけられましたが、さらに「オタク」へと発展し、オタクカルチャーが海外から好意的評価を持たれていることから、海外ではこれを嗜む人を「OTAKU」として、格好よい総称として捉えられるようになりました。

「お宅」から「おたく」、「オタク」、「OTAKU」へと変化していった表記の他の例では、「マンガ」や「カワイイ」があります。マンガは、貸本・赤本時代の「漫画」から、子ども向けとして用いられることの多い「まんが」、スタンダードに使用する場合の「マンガ」、そして海外では「MANGA」と表記されています。「カワイイ」も、「可愛い」から「KAWAII」へと発展しました。

日本で生まれた言葉が、良い意味で海外へと伝播していくさまを見るのは、日本人としては非常に喜ばしいことですし、良い意味での言葉はいくらでも用いたいものです。

しかし悪い意味での言葉は、出来るかぎり用いたくありませんし、用いる場合には明確な定義が必須で、社会的な容認が必要とされるのではないかと考えます。身勝手で不明瞭な定義で、社会的なコンセンサスもなく、悪意ある言葉を用いる行為は、許されることとは到底思えません。

その悪い意味での言葉は、特に左派界隈から聞こえてきます。具体的には、「歴史修正主義」「ネトウヨ」「排外主義」「反知性主義」など様々なヘイトラベリング用語が左派界隈、テキストや出版物では所狭しと踊っているのです。彼らはヘイトな意図を込めて、日本愛・嫌韓の人たちに対して用いており、非常に醜く病的です。

4章で、蔑称としての「おたく」という呼び名がサブカル側から名付けられたことと、そしてサブカル内サブジャンルの鬼畜・悪趣味系について触れましたが、前述の様々なヘイトラベリング用語は、これと地続きと言えそうです。オタクと日本愛・嫌韓の人たちは、サブカルと左派の人たちによるヘイトラベリングの被害を受けており、ヘイトラベリング用語を用いることは、一般的な感覚では非常に悪趣味で、鬼畜の所業と感じますが、彼らはそういった感覚が麻痺していると言わざるを得ません。

ヘイトラベリング用語によるレッテル貼りは、事実や実態を覆い隠して、悪印象を容易に植えつけることができます。そして一度植えつけられてしまえば、それを覆すことは非常に困難となります。本来、ヘイトラベリング用語によるレッテル貼りは人道的に許されない行為のはず。

倉橋耕平氏による『歴史修正主義とサブカルチャー』（青弓社、二〇一八年）は「はじめに」からさっそく、「歴史修正主義者」「排外主義者」「レイシスト」などのヘイトラベリング用語を用いています。本書は、彼らが言うところの「ヘイト本」と言っていいのではないでしょうか。

さらには、「歴史修正主義の主張は学問のフィールドでは共感も評価も得ていない」とも述べています。著者の倉橋氏は、自分たちを「学問のフィールド」として上の立場に置いているわけですが、しかし、そこで著者が重視している「共感」や「評価」といったものは、本来重視されるべき歴史事実とはなんらの関係もありません。

同書は、わかりやすいヘイトと「共感」や「評価」といった空気感で書かれていますが、ヘイトラベリング用語を貼られる人たちにとっての歴史論争とは「サブカルチャー」である、とする指摘については正解でしょう。両陣営による二極対立はエンターテインメントなのです。

上から偏った歴史観を押しつけてきて、それに従わない下々の人たちに対してはヘイトラベリング用語を用いて蔑む。そういった上に対して、下からの歴史事実によるカウンターパンチを食らわせて撃退するのは、実に胸がスカッとします。ここには上＝加害者、下＝被害者という加害者と被害者の構造があり、この構造がサブカルチャー、エンターテインメントとして扱われるのは自然なことでしょう。

このようなヘイトラベリング用語を用いることは、歴史問題において悪影響を及ぼしてしまいます。言葉のイメージに引きずられて、その実態や詳細がわからなくなってしまうのです。いや、わかっては困るからヘイトラベリング用語を用いているのではないか、と勘ぐってしまいます。言葉のイメージで判断させ、考えさせず、言論に目を向けさせない方法としては、非常に有効な手口と言えます。

前述の倉橋氏の著書では、「反知性主義」という言葉も持ち出していました。左派はその言葉を「知性のない人たち」という意味で用いていますが、しかし本来の意味は違います。「知性主義」に懐疑的な立場をとるという意味であり、知的とされる権威やエリート主義は本当に正しいのか、ということに疑問を呈するという意味なのです。

「学問のフィールド」が本当に正しいのかということに疑問を呈する人たちという意味で用いているのであれば正しい使い方でしょう。しかし倉橋氏の使い方はそうではなく、前述の「知性のない人たち」という意味で用いています。このようにヘイトラベリング用語を用いる人たちは、本来の意味を知らずに使い続けていたり、もしくは誤った使用法であることを知りつつ無理やり「知性のない人たち」という意味のままゴリ押しで用いており、その意味での定着を図っています。

さて、私たち日本人は「歴史修正主義」「ネトウヨ」「排外主義」「反知性主義」といった左派が拡散している様々なヘイトラベリング用語を克服することができるのでしょうか。

私たちは、蔑称としての「おたく」およびオタクカルチャー差別を乗り越えることができましたので、まだ希望は見い出せます。

多様性には自戒が必要

日本とは一神教ではなく「八百万の神」と言われるように、気象、地理地形などの自然現象、その他あらゆるものに神様が宿っているとする民族宗教「神道」が根づいている多神教の国で、これに基づき多様性を持つ考え方が日本人にあることを2章で述べました。

これと対極の立ち位置にあるのが、反日の人たちによる、多様性を認めず反対意見の人たちに対してヘイトラベリングをする行為です。

例えば歴史問題については、歴史の事実は一つしかありませんが、その見方は人それぞれです。右派はそのあたりを理解しているから、事実か否かにはこだわりますが、善悪の判断については踏み込みません。自由で多様な歴史観があるからです。

ところが左派は、日本は悪くなかったとする主張に対しては闇雲に「歴史修正主義」というレッテルを貼るのです。彼らはとにかく、自由で多様な歴史観を認めようとはしません。

そして4章でも述べましたが、反日の人たちは書店や図書館に対して弾圧を行っており、出版や言論の自由を脅かしています。また「『おとこ道』事件」のように、在日が加害者となった場合は、フィクションであっても、その物語を認めようとしません。

さらには旭日旗を掲げることも許さないと考え、それを封殺する活動まで起こしていますし、愛国ソングに対しても表現の自由を侵害する活動を起こしています。

彼らには、言論や表現の自由といった考えが存在していないかのようです。

左右のイデオロギー対立の背景には、日本人と反日の人たちの間に横たわっている考え方などの違いがあります。両者にはそれぞれ立場や利害がありますから、それらは当然尊重されなければならないでしょう。

しかし、犯罪や暴力、言論弾圧などの違法行為や反多様性の行為までをも、多様性という考え方の下で認めなければならないのでしょうか。例えば、韓国は歴史捏造や文化剽窃、起源捏造、スポーツにおける反則など様々なことをやっていますが、これらを多様性という考え方の下で認めなければならないのでしょうか。

いいえ、いくらなんでもそういうわけにはいきません。多様性とは何でもかんでも受け容れるという意味ではないのです。多様性を守るためには自戒が必要とされます。右派やオタク、スポーツファン、そして一般大衆が、韓国や在日、左派の人たちを批判することはあるでしょう。しかしそれは彼らが社会規範から逸脱したことをやっている場合においてのはずです。

グローバリゼーションに疲弊する世界

日本においては、反日に勤しむ一部の外国人（特アの人たちや在日）、国内左派の反日、そして左派マスメディアに対する嫌悪や不信感が増大していますが、欧米でも、移民・難民の人たちや、自国の主権を制限する存在であるＥＵ（欧州連合）、そして左派マスメディアに対しての嫌悪感や不信感が増しており、これらに対抗する動きが活発化しています。

二〇一六年、イギリスで行われたＥＵ離脱（通称「ブレグジット」）において離脱派（ブレクシティア）と残留派（リメイナー）が真っ二つに割れていましたが、これを問う国民投票で離脱支持が五一・九％を占めたことにより、ＥＵ離脱が決定。二〇二〇年一月三十一日、イギリスは正式に、

ＥＵから離脱しました。

ＥＵ加盟国は欧州連合による統治が自国政府の上にあり、これによって国家主権が制限されています。かつてイギリスがＥＵに加盟した理由は、ＥＵ諸国と一緒にやったほうが経済的に利益が見込めたからでした。しかし現実は、イギリスはユーロを使用していないにもかかわらず、ＥＵへの多額の財政負担を求められることになりました。その一方で、経済的なメリットは減るばかり。

しかしＥＵから離脱すれば、ＥＵへ支出する公的予算の削減や、国家主権を取り戻すことによって自由な貿易や自国のインフラ整備の予算、そして自国民に対する福祉予算の増加といった自国の利益につながります。イギリス人にとってＥＵとは、自分たちの国の政治や利益に悪影響を及ぼす存在だったというわけです。

そしてイギリス以外の国の国民も、自分たちの国を第一に考えざるを得ない状況に陥っています。冷戦終結後は、グローバル化の進行によって、物価や人件費が安価な国からモノやヒトが流れ込み、また資本家による新自由主義的な利益優先によって自国民の利益が軽視される社会になってしまいました。

その上、移民・難民の流入によって、労働者は仕事を奪われる事態が起こり、また彼らに福祉などの公共サービスが使われることで、それらを維持するために税金を納めてきた国民のほうがサービスを受けにくくなってしまうなどの問題も顕在化しました。もはやＥＵは、加盟国各国の主権や文化、安全の脅威となっており、その縛りによって労働者が虐げられていることから、加盟国各国で右派政党が台頭しているわけです。

EUと同様に、アメリカでもトランプ前大統領が自国の利益を最優先とする「アメリカ・ファースト（アメリカ第一主義）」を掲げています。労働が海外に奪われ、国内の労働者が厳しい経済状況に置かれていることから、彼らを中心にアメリカ・ファーストが支持されています。

もはや世界は、グローバリゼーションがもたらす疲弊に耐えられなくなっているのです。

◉〇〇年代に構築された二極対立構造

右派
・自国第一主義
・グローバル化によって不利益を被っている低階層労働者（経済的弱者）

↔
VS

左派
・EU至上主義
・グローバル化の恩恵に浴するエリート（経済的強者）

グローバリゼーションの実害

一三〇万人を超える難民が欧州諸国に殺到した二〇一五年は、難民による事件が多発しました。

この年の大晦日の夜から翌年元日にかけて、ドイツ西部ケルン中央駅とケルン大聖堂前の広場にて、難民を主体とする一〇〇〇人が女性に対して集団で強姦・強盗・性的暴行を繰り広げたのですが、被害者のほとんどが十～二十代前半の女性だったそうです。この年の大晦日に起きた難民の集団による性犯罪は、ドイツだけでなくスイスやフィンランドでも発生しています。

スウェーデンは、EU加盟国のなかで人口比で難民を最も多く受け入れた国なのですが、二〇一四年と二〇一五年に、ストックホルムで開催された夏のフェスティバル「We Are Sthlm」で若い女性らが、難民の集団に取り囲まれて性犯罪被害に遭いました。これはスウェーデン警察が二〇一四年の事件の際、国民に事件を公開せず、また警告を出さなかったことで、同様の事件が二〇一五年にも起こったのでした。

このように、欧州では他にも移民・難民による性的暴行事件が多発し、大勢の女性が犠牲になっていることで、彼らに対しての嫌悪感情が巻き起こっているわけです。

イギリスでは、一九九七～二〇一三年までの十六年の間に一四〇〇人以上の十代少女が、移民のギャングによって集団強姦や誘拐、強制売春などの被害にあっていたことが明らかになりました。この問題を公にすれば、人種差別を煽るとされたり、レイシストというレッテルが貼られたりするため、十六年間も放置されていたのです。

ドイツでは、治安回復のためであっても難民政策の是正を主張すると、極右扱いされるという現実があります。イギリスやドイツに限らず、欧州では移民や難民による犯罪を報じることは右翼的なことととして非難されたり、「極右」「差別」といったレッテルを貼られてしまうのです。

日本や欧州のマスメディアおよびリベラルの人たちは、外国人や難民を特権階級に仕立て上げており、そのことから社会が壊されている実情があります。前項で右派政党が躍進していることを述べましたが、これはマスコミやリベラルの人たちに対する反発の現れなのでしょう。

右派オタクの勃興と既存右派・ビジネス右派の斜陽化

サブカル／オタクのネット民によって盛り上がった二〇〇〇年代の嫌韓にはある意味ポップな楽しさがありましたが、二〇一〇年代の右派に収斂された嫌韓は殺伐とした政争に変貌し、オタクな筆者としてはついていけなくなりました。筆者同様、ついていけなくなったネット黎明期のサブカル／オタクの人は少なくなかったと思います。

すでに述べましたが、彼らはおそらくオタクカルチャーへ帰ったのでしょう。オタクカルチャーは日本愛が強まっており、若者・現役世代の間で盛り上がり、さらには世界中で好意的評価を受けて発展を続けているのですから、オタクとしてはこの祭りに乗らない手はありません。

それに対して、既存右派・ビジネス右派のほうは大衆化が加速しています。テレビや新聞などで韓国の実態が報じられたり、出版産業で日本愛・嫌韓をテーマとした書籍がムーブメントを起こすなど、こちらも大きな盛り上がりを見せています。

しかし日本においての大衆化とは、高齢化と同義でもありました。日本は超高齢社会なのですから当然でしょう。そして、既存右派とビジネス右派が参入したことによって、オタクカルチャーおよびオタクの人たちの姿は見られなくなり、また若者の姿もありません。

既存右派・ビジネス右派は、高齢者の声が強い日本の大衆世論に即した適正化を進めていきました。しかし基本的な情報が広く行き渡ってしまえば、次は細分化や先鋭化に向かっていくほかありません。

今後、オタクや若者をいかに取り込んでいけるかが、存続の鍵だと思います。もしも取り込めなかった場合、ビジネス右派は衰退していくのではないでしょうか。

●右派コミュニティにおける上下世代の傾向

[上の世代の右派]	[下の世代の右派]
政治・経済ネタを好む	オタクカルチャーを好む
オタクカルチャーには興味が薄い	政治・経済には興味が薄い
先鋭化が進んでいる	発展が続いている

歴史観や日本の伝統文化に対するリスペクト意識は共通している

左派コミュニティからの離脱

オタクカルチャーは二〇〇〇年代から歴史・文化の面で日本愛が強まっていきましたが、オタクでありながら左派のスタンスをとっていた人たちの動向も気になるところです。

左派オタクの人たちは、オタクカルチャーに神社を舞台とするアニメが激増したり、聖地巡礼や萌えミリ、歴女などの日本愛が強まっていったことに対して、当初はかなりの違和感を持ったのではないでしょうか。

しかしオタクコミュニティのなかにいれば、〝三文字作画〟や五〇〇ウォン詐欺の話題も聞かれますし、またインターネットでもオタクが集まる掲示板などでは、韓国による日本のオタクカルチャーのパクリ行為の話題も見かけます。オタク活動に励めば、放っておいても右派オタクや右派ネット民の発する嫌韓情報に遭遇するわけです。

そして彼らの主張に耳を傾けてみると、何も間違ったことは言っていない。左派オタクの人が、歴史認識だけをおかしいと感じるのであれば、むしろ、その人のほうが自分の歴史観をおかしいと疑うでしょう。

加えて、国内の左派と在日を支援する人たちが暴走し、自滅していったことも記憶に新しいところです。まともな感性を持っていれば距離をとるでしょうし、また同じ左派と思われたくないはずで、そうなれば脱却するしかありません。

極めつけは、左派イデオロギーの濃いフェミニストの人たちが、オタク絵に対して攻撃を始めたことが、トドメを刺したと言えるでしょう。

オタクカルチャーに親しみを持つ左派オタクの人たちは、〇〇～一〇年代に起こった韓国と左派、在日、そして彼らを擁護する人たちの悪辣な実態を見せつけられてしまったことで、昭和時代から持ち続けていた左派イデオロギーを捨てざるを得なくなったわけです。左派オタクの人たちは、この経緯のなかで否応なく自身の偏向した歴史観を是正できたのではないでしょうか。

その後、彼らは自由で多様なオタクコミュニティ、海外ＯＴＡＫＵの人たちと合流できたのではないかと思われます。

左右対立と世代間分断の現状

二〇〇〇年代後半、インターネットの右派コミュニティは、既存右派およびビジネス右派の合流により、旧世代、上の世代のものになってしまい、嫌韓や戦記ものなどを嗜む右派オタクネット民たちは、右派コミュニティから距離を置くことになりました。

既存右派およびビジネス右派には、黎明期にネットにいたような若者の姿は見られず、政治家や経済評論家、学者などが目立ちます。

そして、二〇一二年に起こった韓国大統領の反日発言によって、リアル社会でも「右傾化」します。この右傾化とは、実際は中道化のことなのです。テレビや出版産業においても「右傾化（中道化）」した大衆に寄り添ったものが増えていきました。

右派の政治家や経済評論家、学者などはその流れをリードしてきましたが、大衆化と引き換えに高齢化し、さらには尖鋭化が進行します。

ネット黎明期の右派オタクの人たちは尖鋭的な存在ではありましたが、あくまでも歴史的な事実にこだわっており、また文化面においても事実関係を重視していました。

ところが政治や経済の問題は、そういうわけにはいきません。明確な正解がないからです。現実にある問題をどのように対処すればいいのか。例えば福祉や税などはバランスの問題です。

右派オタクの人たちは、その部分に踏み込むつもりはないのです。このスタンスは若い世代にも言えることです。明確な正誤については取り込みますが、立場によって答えが変わる問題については、ニュートラルなところに立っていたい。どちらかに軸足を置けば、その理由を問われますから、そんな面倒なところに足を踏み入れたいとは思わないでしょう。

右派オタクですら、左右の政争には関わりたくないと思っているのですから、もはや若い世代はなんらの興味も示さないでしょう。

前項までですでに述べていますが、左派は昭和時代の認識を維持しながら反オタクのスタンスでオタクを攻撃していますし、右派は高齢化し、○○年代右派の主流の一つだったポップカルチャーの文脈は消え失せてしまいました。そして、上の世代が好む政治問題で舌戦している。この状況を見て、若い世代が左右のイデオロギー対立に興味を示すわけがないでしょう。どっちもどっちです。

世代間分断する日本社会とオタクカルチャー

現在の高齢者と若者のあいだには、かつての戦前世代（昭和一桁世代）と戦後世代（団塊世代）を越えるほどの大きな溝がありそうです。

高齢者の若者を見下す態度に若者が嫌悪しているということに加え、高齢者による自動車事故が頻発していたり、自分の価値観を押しつけてきたり、普段は尊大な態度をとりながら困ったときだけ老人を主張したりなど、周りの人に不愉快な思いをさせたり、迷惑をかけたりする老人が増えていることがその背景にあります。

さらに高齢者の年金保険料や医療の維持、高齢者が半分近くを占める生活保護費のために、下の世代の賃金や労働そのものが搾取されるという高齢者優遇の実態があり、世代間格差が拡大しているのですから、現役世代としては憤懣《ふんまん》遣《や》る方ないでしょう。

世代間の分断は、オタクカルチャーでも起こっています。オタクカルチャーを嗜むおたく第一世代は、大体六十歳くらいになっていますが、下の世代のオタクは二十一世紀生まれです。「おたく・オタク」という総称の意味するところも、八〇年代の頃と現在では別ものになっています。現在は、単にマンガ・アニメ好きという意味になっていますが、かつてはマンガ・アニメなどを深く追求していく濃い人たち、気持ち悪い人たちのことを指していました。

昔は娯楽が少なかったので、自分の好む娯楽についてひたすら追求することが楽しかったのでしょう。その時代を生きた上の世代は、同じ趣味を続けてきたことで異様に詳しくなってしまったわけです。

しかし若い世代は、かつてのおたくのように一つの趣味に情熱を捧げるようなことはしません。その理由として、まずは娯楽が多様化したことが挙げられますが、一つの趣味に時間をかけ情熱を捧げたところで、それ以上の時間をかけてきた上の世代のおたくには、どうあがいても勝てません。それに、かつてのおたくのスタンスで娯楽を嗜めば、過去に引きずり込まれてしまうことになってしまいます。何しろ積み重ねられた長い歴史があるのですから。過去に引きずり込まれれば、上の世代からマウンティングされてしまいかねず、損するだけです。

であれば、過去は切り捨てて現在と未来だけを見ていたほうが良い。そもそも若者としては、上の世代とは別の、自分たちの世代の文化を持ちたいのでしょう。

旧メディアの斜陽化と新興メディアの勃興

さて、テレビや新聞、雑誌、書籍などの旧来からのメディアは斜陽化が続いています。もはや三十代より下の世代からは相手にされていないと言っていいでしょう。

若い世代に嗜まれているマンガですら、紙の単行本の売り上げは、二〇一七年に電子書籍に追い抜かれてしまいました。彼らは、スマホでインターネットに触れることが日常となっていますから、同じマンガを読むにしても、紙の本ではなくスマホのほうを選ぶのでしょう。

若い世代を取り込むことのできない媒体は、衰退していくしかありません。そして、若い世代を取り込むには若い世代のクリエイターが不可欠です。

マンガ雑誌に例えると、長期連載の枠が新規連載や新人マンガ家の新規参入を阻んでいることから、時代に適応できず、新たな世代にとっては過去のものに映っていることでしょう。マンガ雑誌が衰退している一因として、長期連載の枠が既得権益化していることが挙げられます。そもそも、マンガという媒体自体が制度疲労を起こしているのが、第一の要因ではあるのでしょうが……。

アニメのほうも長期放送の作品はありますが、若い世代に支持されている作品は一クール（一三話）で終わるもの。絵柄も萌え絵やＢＬのものが少なくなく、オタクを自称する若者にとっては新規参入しやすいのです。新陳代謝ができているからこそ、若者からの支持を得ているのでしょう。

スポーツでは加齢によって上の世代は淘汰されますし、女性アイドル市場も同様に上の世代が淘汰されます。新旧の入れ替わりが行われることで、市場の高齢化を防いでいるわけです。

上の世代が淘汰されない市場は、新旧の入れ替わりが行われず、下の世代にツケが回されます。そんなところに、若い世代が魅力を感じるわけがありません。

若い世代は、日本に横たわっている既得権益に対しても敵対しています。既存社会における美味しいところを上が抑えているのですから、当然でしょう。

では、若い世代が好むものとはなんなのかというと、上の世代による既得権益がないものです。現在それを代表しているものと言えば、YouTubeでしょう。YouTubeは、オタクカルチャーと双璧をなす娯楽として急成長しており、筆者も視聴しています。何しろYouTubeはタダで視聴できる。そしてYouTuberの人たちは若い。であれば、若者の間で流行るのも当然でしょう。YouTuberは小中学生がなりたい職業の上位につけていることがしばしば取り沙汰されています。

インターネットの台頭により、マスメディアVSインターネットの対立が勃発したことは、これまでに述べたとおりです。この対立は日本社会における既得権益と新興勢力、左右対立が主軸となっていました。

現在、その最前線となっているのが、テレビで活躍する芸能人とYouTuberの人たちです。娯楽映像を楽しむ際は、上の世代はテレビを選びますが、下の世代はＹｏｕＴｕｂｅｒを観る。ここには世代間の分断が見られます。

テレビはチャンネル数が限られているうえ、決まった時間に決まった番組をやっていて、配信側が主導権を持っているメディアです。しかしＹｏｕＴｕｂｅは無数にある動画を、例えば仕事先での空き時間などいつでもどこでも観ることができますから、視聴者側が主導権を持っているメディアと言えます。であれば、若い世代としてはテレビよりもより自由で多様なＹｏｕＴｕｂｅのほうを選ぶのでしょう。

そのうえ、テレビに出演する芸能人は高齢化しています。若い世代は、芸能界における芸歴や秩序に興味はないでしょう。そもそも、リアル社会においても上の世代のツケを押しつけられているくらいですから、興味がないというよりも不快感があると言っていいのではないでしょうか。

テレビでは最近、お笑いの世界では〝第7世代〟と称される若手芸人が台頭しています。これは、テレビ離れが顕著な若者にも視聴してもらいたいとの思いから積極的に起用されているのではないかと思われます。

しかし筆者は、遅きに失したのではないかと感じています。三十代以下の若い世代はもはや、旧メディアであるテレビの支配から離れているわけです。いや、テレビ以外の旧来のメディアからもです。もっと言えば、そもそも旧来の日本社会から背を向けている。

日本の政治やリアル社会は自国の若者を見捨てましたが、若者も日本の政治とリアル社会を見捨てたと言えそうです。

●一般社会の世代間分断

［上の世代］
政治・経済ネタを好む
テレビ・新聞・雑誌
既得権益を持つ

〜〜〜〜〜〜〜〜〜〜

［下の世代］
政治・経済ネタには興味が薄い
スマホ・ネット
富を吸い上げられている

世代間格差とオタクの未来

近年、インターネットとリアルメディア、そして大衆世論のいずれにおいても韓国に対する批判が渦巻いています。ところが若い世代の場合、韓国のポップカルチャーを嗜む者が少なくありません。日本には現在、韓国の様々な文化が流入し、若者のあいだで消費されているのです。

これはいったいどういうことなのかというと、若い世代は映画やドラマなどにも反日世論が反映されるほどの韓国の反日の実態や、韓国政府機関が関与しているK―POPを用いた文化侵略の手口など、ポップカルチャーにおいてすら韓国のことを知らないからでしょう。3章で取り上げたように、K—POP専門家の古家正亨氏も「最近の若い世代は韓国に対する知識がほとんどない」と述べています。

すでに述べたとおり、今の若い世代が興味を示すのは現在と未来のみです。韓国人が反日感情を持っていても、その原因となっているのは過去の日韓間の問題であって、若者にとっては自分たちの世代とは関係がない。いや、現在の「日本」にも向けられているとしても、「日本」と自分自身は別であって、やはり関係がないのでしょう。

まして、「日本」は高齢者の福祉などのために下の世代にツケが回されている現状があり、若い世代は、少子化および超高齢社会、上の世代が保持する既得権益といったものの犠牲者と言っていい立場です。であれば若い世代が、韓国人と同様の「日本」に対する敵対感情を示したとしても不思議ではありません。

ここで言うところの鍵括弧つきの「日本」とは、現在行われている政治や今生きている高齢者の世論が幅を利かせている「日本」のことであって、日本の歴史や文化ではないことを述べておきたいと思います。日本の政治は、左右両陣営とも世代間格差に応対していませんので、若者が左右どちらかに与するわけがないのです。

しかし、希望もあります。被害の最前線に立たされているオタクは、若い世代でも韓国に対する警戒心を強く持っていると思われます。

オタクは、上の世代と下の世代、両方に足場を置く存在と言えます。オタクカルチャーにおいては、日本愛の濃いものに加えて『ドラえもん』や『ドラゴンボール』など昔から生き残ったタイトルも、いまだ若い世代からもリスペクトされています。

本書の第1章で、オタクカルチャーとオタクが日本と世界を結びつけていることを述べましたが、それに加えて上下の世代を結びつける役割も同時に期待したいところです。

国敗れてオタクあり

解説　但馬オサム

オタクは「戦争」を全否定しない――

などと書くと、血相を変える人も多いかもしれない。戦争を単純悪として、そこで思考停止してしまう似非平和主義者や、戦前の日本がひたすら暗黒の社会であったと信じて疑わない歴史情報弱者とは一線を画すのがオタクである、と言いたいのである。

そもそも、日本が世界に誇る特撮もアニメも、戦中の国策映画によって発展してきたという歴史的事実がある。特撮の神様・円谷英二が名を上げたのは『ハワイ・マレー沖海戦』（一九四二年）の真珠湾攻撃大パノラマ特撮であるし、勤労学生だった手塚治虫に将来アニメーションの道に進むことを誓わせたのは、瀬尾光世の長編アニメ『桃太郎海の神兵』（一九四五年）であるのはよく知られたことだ。つまり、先の戦争を全否定してしまうと、オタクはよるべきところを失ってしまうのである。

一九七七年八月、『宇宙戦艦ヤマト』劇場版が公開され大ブームとなった。主な観客は、大学生を中心とした十代から二十代の若者たちである。彼らをオタク第一世代と呼ぶ。

「大学生が電車でマンガを読んでいる」と、大人たちの眉をひそめさせたのが全共闘世代なら、「大学生が徹夜でマンガ映画を観にいく」ことを実践したのが第一オタク世代だった。ジブリアニメが世界的評価を得ている今日では信じられないことかもしれないが、当時の大人からすれば、アニメはマンガ映画でしかなく、あくまで子どもが観るものという認識であったのだ。

高度成長期に生を受けたオタク第一世代は、物心ついたときに家にテレビがあり、『鉄腕アトム』も『ウルトラマン』もリアルタイムで経験しており、同時に日教組（日本教職員組合）教育の洗礼をまともに受けた世代でもある。

最近のアニメ主題歌といえば、アイドルやポップス歌手とのタイアップが主流で、よく言えば番組と独立して楽しめるものも多いが、六〇～八〇年代までのアニソン、例えばヒーロー物では、「守れ」「闘え」「倒せ」といった常套句とともに必殺技の名前をシャウトするような単純明快なものと相場が決まっていた。

では、何を「守る」ために「闘う」のか。「平和」「自由」「世界」「地球」といったところである。学校で組合員教師から「平和」のために武力を放棄しましょうと教えられ、放課後の学校では友達と高らかに「平和」のための武力を行使しましょうと歌う、これがオタク第一世代の正しい幼年時代の日常だったのである。そのためか、総じてオタクは、お仕着せの空想的平和教育の呪縛から解けるのも早かったと思う。

そもそも、坊ノ岬沖に沈んだ戦艦大和が近未来社会に蘇り、地球の救世主になるという設定自体、敗戦日本のリベンジ・マッチとも見ることができるのだ。『鉄人28号』も『ビッグX』も戦時中に開発された秘密兵器という設定だったし、東宝怪獣映画はどれも原爆の影を引きずっていた。昭和のアニメ、特撮は先の大戦と地続きだったのである。

特攻隊を題材とした映画が右翼映画だ、戦争美化だと叩かれ、フィクションの世界でさえも特攻隊＝犬死以外の解釈以外は許されないという息苦しい時代になったが、『永遠の0』を否定する人も、手塚治虫の『鉄腕アトム』を右翼マンガと糾弾することはあるまい。その「アトム」だが、虫プロ制作のアニメ版の最終回エピソードは、暴走する太陽の活動を抑えるため核融合抑止装置を抱いて、アトムが太陽に突っ込むという衝撃的なものだった。命と引き換えに地球の危機を救ったアトムのこの行動は、明らかに特攻であろう。アトムだけではない。魔神バンダー、高速エスパー、ジャイアントロボ……彼らもまた特攻で散華された地球の「英霊」だ。

『魔神バンダー』の最終回は、一部特撮オタクファンのあいだでは語り草になっている。某国の誤射した核ミサイルから東京を守るために、バンダーが生物パトリオット弾となって、太平洋上でカミカゼ・アタックするのである。ラスト、バンダーが散った水平線に、流れるBGMはなんと「同期の桜」だった。

当時、子ども番組の脚本家や制作者にも戦争体験者が多く、おそらく彼らには、ヒーローが「特攻」で敵と刺し違えるというのは、違和感のない結末だったのだろう。そして、「特攻」という見せ場を通して、子どもたちに自己犠牲の尊さを教えたかったのに相違ない。

最後にもう一つ手塚作品に触れおこう。『ジャングル大帝』である。人間（白人）に父を殺された獅子王の子・レオが、人間社会（ケン一、ヒゲオヤジといった日本人が後見人）に留学し、アフリカに帰還後、父を凌ぐ賢王としてジャングルに君臨する物語であった。レオの目指すものは、肉食獣も草食獣も鳥類も仲良く暮らす王道楽土の建設である。手塚治虫もまた大東亜共栄圏のロマンを受け継ぐ人であった。

ちなみに、アニメ『ジャングル大帝』第三話「動物学校」の挿入歌「アイウエオマンボ」は、『桃太郎／海の神兵』で桃太郎軍が南方の動物たち（原住民）に歌で日本語を教えるシーンで使われた「アイウエオの歌」へのオマージュであることは有名である。

後年、ディズニーが『ジャングル大帝』のあからさまなパクリである『ライオンキング』を制作し、手塚の夢を追ったが、この事実を大東亜戦争の正統性という観点で読み解くのも一興かもしれない。

山野車輪

（やまの・しゃりん）

一九七一（昭和46）年生まれ。二〇〇五（平成17）年、日韓関係の歪みを最初に指摘した『マンガ嫌韓流』（晋遊舎）を出版し累計一〇〇万部突破。『ニューヨーク・タイムズ』『タイムズ』など海外の新聞でも紹介される。二〇一〇（平成22）年、世代間格差問題に切り込んだ『「若者奴隷」時代』（晋遊舎）を出版し、高齢者批判を先取りした。国産ヘヴィメタルコレクターでもあり、二〇一八（平成30）年に出版した『ジャパメタの逆襲』（扶桑社）にてアニメソングとの密接な繋がりを指摘し、ディープなオタクに評価された。

鈴屋出版

オタクが日本を「右傾化」させた

右派＋オタク文化史論

二〇二一年四月一日　初版第一刷　発行

著者　山野車輪

発行者　三田ひとみ

発行所　鈴屋出版株式会社

〒一八二－〇〇一一東京都調布市深大寺北町六－二四－七二

ブックデザイン　福田和雄（FUKUDA DESIGN）

組版　山口デザイン室

編集協力　御田晃生

校正　仙波晃

印刷・製本　中央精版印刷株式会社

ISBN978-4-9910722-4-6　C0095